Günter Skwara

Reinkarnation
Wiedergeburt

als

Spiritueller Helfer

BoD™

BOOKS on DEMAND

Diese Informationen richten sich an Menschen guten Willens, die als Spirituelle Helfer ihren Mitmenschen hilfreich zur Seite stehen wollen.

Die Zielsetzung von Spirituellen Maßnahmen sieht folgendermaßen aus:

Angestrebt wird die Freisetzung von Selbstheilungskräften, in erster Linie der geistigen, dann auch der körperlichen und zudem jene des sozialen Daseins. Die Heilung von Gebrechen steht bei den Spirituellen Maßnahmen niemals im Vordergrund!

Letztlich geht es um den Weg zur Heiligung.

In der Ansprache wähle ich mit Bedacht die Du-Form, weil wir uns als Geistige Wesen immer näher stehen als im menschlichen Umgang miteinander.

Bei gesundheitlichen Bedenken, bei physischen oder bei psychischen, wende Dich bitte an einen Arzt, an einen Heilpraktiker oder an einen Therapeuten Deines Vertrauens.

Günter Skwara

Reinkarnation
Wiedergeburt

als

Spiritueller Helfer

**Diese Darstellung ist der Versuch
die Erkenntnisse und Wahrnehmungen
aus über 30 Jahren spirituellen Erlebens
sowie der Tätigkeit als Spiritueller Helfer
möglichst verständlich mitzuteilen.**

Bibliografische Information der Deutschen Nationalbibliothek: Die Deutsche Nationalbibliothek verzeichnet diese Publikation in der Deutschen Nationalbibliografie; detaillierte bibliografische Daten sind im Internet über http://dnb.dnb.de abrufbar.

Titelbild und Illustrationen:

Günter Skwara

Herstellung und Verlag:

BoD – Books on Demand, Norderstedt

ISBN: 9783750481411

INHALT

Auftakt

Druide des TAO zu sein bedeutet, lebenslang daran arbeiten zu wollen, dem Ursprung, dem Göttlichen TAO, näher zu kommen.

Unsere Lebensweise, andere würden „Religion" dazu sagen, war und ist ein Leben in und als TAO.

TAO steht dabei sowohl für das Göttliche Sein, den Göttlich zu nennenden Ursprung als auch für uns, den menschlichen Seelenaspekt sowie für das ureigene Selbst, als Inbegriff des Geistigen.

TAO ist zugleich jeglicher Bestandteil dieses lebendigen Universum, das wir als Spielfeld für das „Große Spiel" geschaffen haben.

TAO ist die belebte und anscheinend unbelebte Natur sowie alles Lebendige in Form von Körpereinheiten.

Die TAO-Druiden sind nicht zu vergleichen mit den Druiden wie sie in unseren Tagen den Planeten Erde bevölkern. Diese Druiden, auch Schamanen oder Medizinmänner oder dergleichen wurden vor langer Zeit, noch vor dem Untergang von Atlantis, von uns angeleitet und in ihr Handwerk eingeführt.

Nach der großen Katastrophe waren sie überwiegend nur noch auf sich selbst gestellt. Glücklicherweise überlieferten sie ihr Wissen über viele Generationen hinweg verhältnismäßig rein.

Dennoch gelangten im Laufe von tausenden von Jahren auch unschöne bis sehr hässliche Bräuche in das Repertoir unserer Nachfolger. Machthungrige Menschen bemächtigten sich des Wissens und der Fähigkeiten der Helfer.

Glücklicherweise erwachen mehr und mehr von uns Druiden des TAO in dieser Zeit. Viele wissen zwar nicht mehr woher sie ihren Wissensschatz haben, wenn sie andere Menschen informieren oder sich als tätige Helfer einsetzen.

Das ist jedoch nicht so entscheidend wie ihr hilfreiches Wirken in den Gesellschaften des Planeten Erde.

Ob jemand ein wiedergeborener Druide des TAO ist oder vielleicht lediglich einer ihrer Nachfolger, ist nicht ausschlaggebend.

Wichtig ist nur ihr Einsatz als ein Mensch guten Willens. In diesem Sinne treten sie in Widerstreit gegen jegliche Art und Weise von Unterdrückung.

Wir Druiden des TAO haben unsere Heimatwelten im Sonnensystem Atalant, einem Doppelstern-System innerhalb dieser Galaxis, der Milchstraße, nicht umsonst verlassen. Auch dort haben wir nämlich dem unterdrückerischen System der Kabarer getrotzt.

Das Volk der Atalanter bestand natürlich nicht nur aus Druiden. Im weitesten Sinne schwangen jedoch alle Bewohner im System eines ähnlich gearteten, morphischen Feldes.

Dadurch erlangten wir ein wunderschön harmonisches Zusammenleben.

Ich, Gunar, einer der Druidorix der Druiden des TAO, habe Meditation und Kontemplation im Einflussbereich des Sternenbundes von Kabar kennen und schätzen gelernt.

Mit Hilfe von Meditation und Kontemplation begegnen Wesen sich selbst und finden ihr Selbst als TAO. Damit wird das Dasein im Hier und Jetzt in Frieden und in Freude stabilisiert.

Manche Arten Spiritueller Maßnahmen ermöglichen es den Wesenheiten in ihre eigene Vergangenheit eigenverantwortlich selbst einzutauchen. Mit etwas Übung lassen sich damit auch tiefgreifende Erkenntnisse gewinnen.

Weder Meditation noch Kontemplation sind Spirituelle Rückführung, wie wir Druiden des TAO sie anwenden, um die Transformation vom körperlichen Dasein hin zum Geistigen Wesen zu erreichen.

Sie sind jedoch auch als religiös zu bezeichnende Maßnahmen, zur Befreiung des Geistigen aus so manchen Problemstellungen und aus Herausforderungen des Lebens, geistigen und körperlichen sowie sozialen.

Die daraus resultierende Sichtweise vom „Großen Spiel", sowie auch der vom „Spiel des Lebens", lässt uns ein freieres Denken einnehmen, als das der im Körperlichen gefangenen Mitwesen.

Sie hebt uns aus dem Dasein abhängiger Sklaven heraus.

Grundlagen des Studierens auf der Basis des menschlichen Verstandes

Dauerhaft erfolgreiche Menschen planten ihre großen Ziele ebenso wie die kleineren Zwischenziele, ihre Strategien, ihren Beruf, all ihre Tätigkeiten, immer auf der Grundlage von selbst ausgewerteten Daten.

Da auch Du über Deinen Verstand an das Studium herangehst, sind solche von Dir selbst erarbeitete Grundlagen sehr, sehr wichtig.

Was ist dieser Verstand eigentlich? Er ist kein unmittelbarer Bestandteil Deines Körpers. Er ist weder das Gehirn noch das Herz noch Dein Bauch oder dergleichen.

Der Verstand ist ein energetisches Konstrukt, das Du Dir beziehungsweise ihr euch vor Urzeiten geschaffen habt, um beim Führen von Körpern unabhängiger zu sein. Euer Verstand könnte selbstbestimmt und selbstständig einen Körper führen. Er übernimmt diese Aufgabe tatsächlich oft genug, mit sehr viel Ego-Bewusstsein. Dann verweigert er euch, der TAO-Seele, auch einmal den Zugang, mit Begründungen wie: Euch entlasten zu wollen.

Dieses Konstrukt wurde ursprünglich geschaffen, um Daten zu sammeln, zu speichern und daraus Schlüsse zu ziehen. Analytisches Denken ist das Privileg des Verstandes.

Die Aufgabe des Gehirns besteht hauptsächlich darin, den Körper und seine Umgebung zu überwachen und für Dein Überleben zu sorgen. Zugleich ist es allerdings auch eine Art Empfänger für die Signale des Verstandes, wenn es einmal gilt, mehr als nur Risiken und Überlebensfaktoren zu berücksichtigen.

Dein analytischer Verstand ist nämlich ein hervorragender Planer. Du solltest allerdings auch darauf achten, dass er Dich nicht zu sehr verplant. Achte ihn in seiner Funktion, doch halte dieses Dein Konstrukt unter Beobachtung und Kontrolle.

Du solltest lernen, wie Du das Denken Deines Verstandes zum Studieren einsetzen kannst.

Nur mit diesem, seinem ihm eigenen Denkvermögen kannst Du über eine an Dich herangetragene Information, über ein nützliches, wertvolles Datum oder eine entsprechende Grundlage, absolut oder zumindest weitgehend sicher sein.

Optimales Denkvermögen besteht ganz einfach darin:

Ein bestimmtes Datum wird zuerst mit den allgemein bekannten Gegebenheiten im physikalischen Universum, wie sie offensichtlich beobachtbar oder auch messbar sind, analytisch verglichen und auf angemessene Logik überprüft.

Jene Menschwesen, Schüler oder Studenten, die sich überwiegend fremdbestimmt mit Datenmaterial vollstopfen lassen und sich ausschließlich darauf verlassen, können in ihrem Berufsfeld niemals wirklich erfolgreich sein.

Deshalb sind Maßnahmen auf übermäßig autoritärer Grundlage weder Bildung noch Ausbildung noch Studium.

Dies kann man lediglich vergleichen mit Arten von Suggestion oder Propaganda, dem kaum noch oder nicht mehr bewussten Eintrichtern von Datenschrott.

Autoritätsgläubige Leutchen sind allerdings von gewissen, unterdrückenden Machthabern gewünscht, denn diese lassen sich sehr viel leichter lenken, manipulieren und regieren.

In den meisten Systemen zur „Bildung" auf diesem Planeten wird das Lernen mittels irgendeiner Form von be- und abwertendem Druck und mit Bestrafung erzwungen.

Dabei werden Lernende oder Studierende mit Daten vollgestopft wie polnische Mastgänse. Ihr Verstand wird auf diese Art und Weise in seinem Speicher- und Denkvermögen einfach überfordert, regelrecht überwältigt.

So erhält er sehr selten bis nie die Gelegenheit, die Vielfalt des Datenmaterials persönlich auszuwerten.

Offensichtlich war es auch zur Zeit von Goethe nicht anders. Er bemerkte dazu:

„Man treibt die jungen Leute herdenweise in Stuben und Hörsälen zusammen und speist sie in Ermangelung wirklicher Gegenstände mit Zitaten und Worten ab. Die Anschauung, die oft dem Lehrer selbst fehlt, mögen sich die Schüler hinterdrein verschaffen. Es gehört eben nicht viel dazu, um einzusehen, dass dies ein völlig verfehlter Weg ist."

Der Maßstab für „gut informiert" und „ausgebildet sein" deckt sich bei solcherart Bildung unmittelbar mit dem Grad der Anpassung an die Vorgaben und Wünsche von Lehrkräften sowie darüber hinaus der Anpassung an die hierarchisch strukturierten Säulen der Gesellschaft:

1) Finanzwirtschaft
2) Handel
3) Industrie
4) Medien
5) Justiz und
6) Religion.

Noch hinterhältiger ist:
Dieser Maßstab stützt das bestehende, aufgezwungene System zum Kleinhalten der „kleinen Leute" und zur leichteren Steuerung aller, selbst der Eliten, durch die ... (?).

Die immer und immer wieder, geradezu hypnotisch oder suggestiv, massiv im Brustton der angeblich unumstößlichen Überzeugung vorgetragenen, bewertenden Aussagen von autoritären Spezialisten und Experten, werden im System der (Ver-)Bildung häufig dogmatisch verfestigt und überbewertet.

Kritikfähigkeit beim Denken, das sich ins Handeln überträgt, ist vielfach weder gewünscht noch wird sie viel zu selten tatsächlich gefördert. Wahrhaft kritisches Denken hat absolut nichts damit zu tun, ob sich die Meinung von jemandem zwangsläufig mit der Denkweise von irgendjemand anderem deckt.

Entscheidend ist einzig und allein, ob eine fremde, von außen herangetragene Meinung sich mit der eigenen Wahrnehmung deckt.

Wichtig bleibt immer die Einbeziehung weitgehend objektiven Wissens sowie der persönlichen Erkenntnisse.

Eigenverantwortliches Denkvermögen sollte das Maß sein, für selbst erarbeitete Anschauungen von Dingen und Abläufen die im selbstbestimmten Leben Gültigkeit besitzen.

Neue aufklärerische, quer- und freidenkerische Denkweisen haben sich immer in dem für diese Neuerungen offenen Kleinklima einiger Weniger (nie der Masse) entwickelt.

Dabei mussten viele dieser aufmüpfigen Nach-, Frei- sowie Kreuz- und Querdenker sich gegen die allgemein herrschenden Lehrmeinungen durchsetzen. Manche haben dafür sogar mit ihrem Leben bezahlt.

Menschen die erfolgreich sein wollen, sollten sich grundsätzlich die Zeit nehmen und die Mühe machen, laufend die praktikable Anwendbarkeit sowie den hochwertigen Nutzen ihres Tuns möglichst vollständig selbst zu überprüfen. Dazu bedarf es der beständigen Selbstprüfung sowie die eigenverantwortliche, eigenständige Beobachtung ihres Fachgebietes oder Arbeitsfeldes.

Der hochwertige Sinn des Ganzen muss sowohl für jedermann selbst als auch der Allgemeinheit dienlich sein, also für alle Mitmenschen im Gesamtfeld der Menschheit.

Dieser Grundsatz gilt im Vorfeld bereits für die Schüler und Studenten, die sich auf eine wertschaffende Arbeit vorbereiten.

Wer auf diese Art und Weise genau hinschaut, verschiedenes hinterfragt und das Datenmaterial kritisch studiert, wird auf alle Fälle etwas für sich selbst entdecken.

Studieren hat immer auch mit der Zielsetzung vor Augen zu erfolgen, eigenständig erarbeitete Schlussfolgerungen zu erlangen.

Die vermittelten Wissensinhalte sowie die aufgenommenen Lehrsätze müssen dazu weitgehend korrekt und in jedem Falle realitätsbezogen funktionsfähig sein.

Anwendbarkeit und Funktionsfähigkeit
sind Maßstab für die sinnvolle Aufnahme von Wissen.

Wer sich überwiegend oder ausschließlich auf autoritär vermitteltes Wissen verlässt, gerät in die einengende Falle der Fremdbestimmung. Deshalb sollte zu keiner Zeit und an keinem Ort einer übermächtigen Autorität, irgendeiner Person oder Denkrichtung, ungeprüft erlaubt werden, in die eigene Sphäre für das selbst erarbeitete Wissen vorzudringen.

Hierdurch baut sich sonst eine unkontrollierte sowie unkontrollierbare Matrix der hierarchisch strukturierten, autoritären Eliten auf. Da diese Matrix auf Unterdrückung ausgerichtet ist, von irgendwo oben nach irgendwie unten, dient sie lediglich denen die sich oben wähnen.

Im Übrigen haben sich Meinungen und Ansichten im Verlaufe der Zeiten, sogar oder gerade durch die Betrachtungen von Experten, x-fach geändert. Immer, wenn sich die Weltsicht und Weltanschauungen verändert haben wandelten sich auch die Lehrmeinungen.

So vergesst bitte niemals und führt es euch fast täglich vor Augen:

Meinungen sind ausschließlich Meinungen
- nichts anderes als das.
Meinungen sind wie das Wetter:
Jederzeit veränderlich und wandelbar.

Viele der heute existierenden Dogmen, in so manchen übermässig wichtig gemachten Lehrbereichen, wurden immer wieder einmal umgeschrieben.

Dies geschah entweder bei näherer Betrachtung oder zur Anpassung an den Zeitgeist.

Findet solche Dogmen und legt eure eigenen Messlatten an, beispielsweise in den Bereichen: Archäologie, Medizin, Psychologie und vielen Wissenschaften mehr.

Sortiert aus, ohne Bedenken und mit weit ausgreifendem Mut!

Denn auch die angeblich für die Ewigkeit festgeschriebenen Dogmen sind immer wieder von der Meinungsbildung abhängig.

Übrigens: Die Äußerung von Meinungen, wenn sie nicht ausdrücklich als solche deklariert sind oder dafür angesehen werden dürfen, führen oftmals zu schwerwiegenden Missverständnissen.
Solche unklar wiedergebenen Meinungsäußerungen behindern bis vergiften das Verständnis füreinander sowie das Verstehen der Menschen untereinander.

Unter all diesen Gesichtspunkten prüft bitte auch die von mir dargebotenen Aussagen.

Akzeptiere bitte nur, was von Deinem Verstand selbst vergleichend beobachtet und analysiert werden kann. Setze das Gelernte gezielt um und finde dessen praktische Anwendbarkeit heraus.
Die Dir persönlich bekannte Welt, deren Funktion und Erlebbarkeit, alles um Dich herum, ist letztlich ausschlaggebend für das Bilden einer eigenen, immer wieder auch selbstkritischen Meinung.
Im Rahmen dieser Erkenntnisfähigkeit wünsche ich euch allen recht viel Freude beim Studieren, egal mit welchem Wissensinhalt.

Noch eines zum Abschluss dieser Gedanken zum Studieren:

Übergehe um Himmels Willen kein Wort, das Du nicht vollständig verstanden hast.

Kläre mit Hilfe eines Bedeutungswörterbuches (keines Rechtschreibwörterbuches!) die Definition sowie die Herkunft eines jeden Wortes, von dem Du meinst, es könnte auch noch mit anderen Bedeutungen belegt sein, als der Dir bekannten.
Du wirst überrascht sein, wie oft Du meinst etwas ganz genau zu kennen und dann dennoch herausfinden musst oder darfst, dass es noch ganz andere Betrachtungsweisen dazu gibt.
Solcher Art missverstandene und leichtsinnig übergangene Bedeutungen von Worten sind, wie mittlerweile erkannt wurde, der Hauptgrund für heftigen Widerwillen bei Gesprächsverläufen.

Diese Missverständnisse sind Ursache für den Abbruch des Lesens von Büchern sowie für den Abbruch eines jeden Studiums.

Deshalb nochmals: Wenn beim Studieren meiner Ausführungen irgendwie der berühmte „Faden reißt", so gehe einfach ein Stück zurück. Finde das missverstandene Wort und kläre dessen Definition – nicht per selbstgestrickter Intuition sondern mit einem Bedeutungswörterbuch.

Vielen Dank, für Deine Bemühungen. Damit tust Du nicht nur Dir selbst sondern auch mir einen großen Gefallen.
Denn, ob ein Text gut oder schlecht ist, ob die Kritik daran wirklich berechtigt ist, ergibt sich selbstverständlich aus dem guten Verstehen des Geschriebenen.

... auf der Basis der menschlichen TAO-Seele

Wie bereits erklärt, ist der menschliche Verstand ein energetisches Konstrukt, zur Entlastung der hier ebenfalls als menschlich erscheinenden TAO-Seele.
Dieses energetische Konstrukt kann, so haben wir es in etlichen Spirituellen Rückführungen erlebt, Zugang erhalten zu der so genannten, übergeordneten Akasha-Chronik.
In dieser Chronik sind Unmengen an Daten gespeichert und werden von dort aus zur Anwendung gebracht. Dies geht über den Datenspeicher des Verstandes weit hinaus. Dennoch wirkt unser Verstand wie ein Abbild der großen, universalen Akasha.

Jedenfalls kann jede TAO-Seele ebenso auf das umfassende Datenmaterial der Akasha zugreifen, mit oder ohne Zutun eines Verstandes.
Wir, die wir jeder eine menschliche TAO-Seele sind, zumindest darin übereingestimmt haben ein darauf reduzierter Seelenaspekt zu sein, könnten jegliche Information aus der Akasha nutzen, um ein umfassendes Studium zu betreiben.

Aufgrund eines zumeist leider nur wenig ausgeprägten Bewusst-seinsgrades, haben allerdings die wenigsten von uns Menschen oder Menschenähnlichen unbegrenzte Zugriffsmöglichkeiten.

Lediglich mit der Hilfe Spiritueller Helfer gelingen unglaublich er-scheinende Erfolge. Diese Helfer können sowohl menschlicher als auch geistiger Natur sein. In jedem Falle ist die TAO-Seele selbst bewusst genug, um nicht in die Irre geleitet zu werden.

Als bewusste TAO-Seele können wir sowieso niemals so verwirrt werden, dass wir völlig außer Kontrolle geraten.

Die Einflussnahmen von Diktatoren, Indoktrinatoren und Infiltra-toren verlieren ihre dogtrinär überwältigende Macht.

Besonders Spirituelle Rückführungen sowie ebenso Meditation und Kontemplation sind in diesem Zusammenhang Tür- und Toröff-ner, um sich Wissensbestandteile einfach zuströmen zu lassen.

Denn als TAO-Seele müssen wir weder etwas lernen noch den Datensalat abspeichern.

Wir wissen nämlich ohne Wenn und Aber:

Nur das Einfache ist wahr.
Jegliche Kompliziertheit birgt eine Lüge.

Wie Gautama Siddharta, der Buddha, schon erklärte:

„Für Dich ist nur wahr,
was Du selbst als wahr erkannt hast."

Und zum guten Schluss noch ein paar Worte des Arztes, Dich-ters, Philosophen und Historikers Friedrich Schiller:

„Anders ist der Studierplan, den sich
der Brotgelehrte, anders derjenige, den
der philosophische Kopf sich vorzeichnet."

Spirituelle Maßnahmen
Teil 1

Was ist Spiritualität? Die Definition kommt von lateinisch *spiritus*, Geist, Hauch bzw. *spiro* „ich atme". Dies bedeutet „Geistigkeit" im weitesten Sinne.

Spiritualität im spezifisch religiösen Sinne steht für die Vorstellung einer geistigen <u>Verbindung zum Transzendenten</u>, dem Jenseits oder der relativen Unendlichkeit.

Während Religiosität die Ehrfurcht vor der Ordnung und die Vielfalt in der Welt sowie die Empfindung einer transzendenten Wirklichkeit meint, beinhaltet die Spiritualität zusätzlich die bewusste Hinwendung und aktive Praktizierung einer als richtig angesehenen Weltanschauung.

Somit ist die Spiritualität die Betrachtung der wahrhaften Weltsicht, einer Wahrheit in Wahrnehmung und Erkenntnis.

Aus dieser Anschauung gelingt die Erkenntnis zur Körper-Geist-Seele-Einheit. Körper, Geist und Seele sind unabdingbar für das Mensch-Sein. Sie gehören zusammen und durchdringen sich sogar in ihren Bedürfnissen, Emotionen und Denkvorgängen.

Der **Körper** ist die Heimat oder der Tempel für das Geistige und für Seelenaspekte. Der Körper ist aber auch das Vehikel und das Werkzeug mit dem das Geistige im physikalischen Universum vorankommt und tätig werden kann.

Dem **Geist** werden Teile des Körpers zugewiesen. Etwa dem Gehirn und seinem Nervensystem oder dem Herzen und genauso dem Magen-Darm-Bereich, dem Bauch, werden Eigenschaften geistiger Denkvorgänge zugeschrieben.

Dies ist alles richtig und genauso falsch. Denn es fehlt dabei die genaue Definition für Geist.

Das englische Wort „mind" steht sowohl für: Geist, als auch für Verstand.

Genauso ergeht es dem „Geist" im Deutschen. Vielerlei Synonyme werden ihm beigemessen; unter anderem ebenfalls der Verstand, sowie Bewusstsein oder Intellekt.

Dem Geist schreibt man Denkfähigkeit, Denkvermögen, Auffassungsgabe, Klugheit, Scharfsinn und Verstandeskraft zu.

Die **Seele** ist TAO, die Person selbst, und keineswegs ein beigefügter Bestandteil.

So muss es heißen: „Ich bin die Seele!" Und niemals: „Ich habe eine Seele!" Als ein „Ich Bin!" kann die Person selbst jeglichen Sitz einnehmen – sogar außerhalb der Körpereinheit.

Ich sehe den spirituellen Charakter der Körper-Geist-Seele-Einheit in Gefahr, wenn wir hier nicht eindeutiger werden.

Ich versuche ganz klar, entsprechend der modernen Computersprache, die Hardware von der Software zu unterscheiden.

Der **Körper** ist, nach meiner Anschauung, die **Hardware** - und zwar mit all seinen Bestandteilen, inklusive dem Gehirn.

Das Gehirn dient vorrangig dem Überleben der Hardware. Sein ursprüngliches Denkvermögen beschränkt sich auf mehr oder weniger automatisch wiederkehrende Abläufe.

Über das Gehirn wirkt der **Geist** beziehungsweise der **Verstand**, die **Software**, auf den Körper ein. In diesem Zusammenspiel ist das Gehirn eine Art Empfänger für den Verstand, dem Geist im eigentlichen Sinne.

Der Verstand analysiert, plant strategisch und speichert Daten ab. Er arbeitet wie ein hochwertiger Computer. Ihm fehlen die fühlbaren Emotionen. So versucht er die Welt vorrangig rein rational zu begreifen.

Während Spiritueller Rückführungen sowie bei Meditationen liefert der Verstand Daten. Dies geschieht über gespeichertes Bildmaterial, in dem auch heftige Gefühle mitschwingen.

So erarbeiten wir, meine Freunde, die Rat- und Hilfesuchenden, gemeinsam Lösungsansätze. Die energetisch geladenen Emotionen verlieren dabei zunehmend ihre dramatisch aufgeladene Macht.

Selbst als „furchtbar" Erlebtes wird erträglicher, harmonisierter, weniger belastend.

Die **Seele** ist vorrangig, wie könnte es anders sein, der **ursächliche Programmierer**. Das bist Du selbst im ureigenen Sein.

Du kannst entscheidend dazu beitragen die Programme in Deinem Verstand abzuändern und neu zu schreiben. Kontemplation ist die Vorgehensweise der Seele.

Als Spirituelle Helfer sind wir in der Lage das Verstandesdenken von rat- und hilfesuchenden Freunden unterstützend in neue Richtungen zu lenken.

Die Denkweise von Seelen ist intuitiv und mehrdimensional. Von ihnen kommen die so genannten Einfälle oder Ideen, die ganz plötzlich auf den Menschen einwirken können. Ästhetik und Kreativität sind mit dem Selbst, der Seele, unmittelbar verknüpft.

Im Falle des körperlichen Todes verfällt die Hardware vollständig. Sie wird entweder vergraben oder verbrannt oder irgendwelchen Tieren überlassen. Die Software, also der Verstand, wechselt relativ schnell in einen neuen Körper hinüber. Er hat alle Datensätze der vorangegangenen Körpereinheit gespeichert. Mit dem Verstand nehmen wir auch die Daten mit und gemeinsam, Seele plus Verstand, formen wir eine neue Körper-Geist-Seele-Einheit.

Wir Selbst, als die übergeordnete **TAO-Seele** im Mittelpunkt unserer Struktur, verharren dauerhaft in einem Zustand ohne Zeit und Raum. Unser Geistiges Sein ist weder an den Verlauf der Zeit noch an die Umgebung des physikalischen Universum gebunden.

Wir sind weitgehend frei von solchen Bindungen, falls wir nicht dennoch damit übereinstimmen.

Begriffe wie „Spirituelle Rückführung" und „Meditation" sowie „Kontemplation" sind einfach angepasste Benennungen, an die neue Zeit, an das Hier und Jetzt.

Ich finde es auch nicht so wahnsinnig wichtig, wie diese überaus hilfreichen Maßnahmen in früheren Zeiten genannt wurden.

Entscheidend ist für mich: Es handelt sich hierbei um die Anwendung religiöser beziehungsweise spiritueller Maßnahmen.

Mit solchen Maßnahmen können alle Menschen guten Willens sowohl sich selbst als auch gegenseitig helfen.

Dadurch entsteht eine wünschenswerte, aufwärtsstrebende Entwicklung, eine Transformation, über das bloße MenschSein hinaus.

Denn die Erkenntnis TAO zu sein, ein Geistiges Wesen, dabei in ständiger Verbindung mit dem Göttlichen TAO zu stehen, hat für mich den Vorrang vor kleinkarierten Betrachtungsweisen.

Die Erkenntnisse für alle meine Aufschreibungen, den dahingehenden Wissensschatz, habe ich nicht ausschließlich alleine erarbeitet. Mir wurde vielerlei Neues zuteil, indem ich Kontakt mit anderen Wesen hatte. Diese Wesenheiten haben mir freundschaftlich gestattet, mit ihnen gemeinsam in ihren Verstand hineinzuschauen.

Bei einer Vielzahl, für alle Seiten hilfreich wirkender Spiritueller Rückführungen öffnete sich mir eine andere Weltsicht.

Zudem strömte mir ergänzendes Wissen aus unterschiedlicher Literatur und aus Film- und Tonmaterial zu.

Die vollkommen neue Kombination, verwandt mit etlichen anderen, bereits existierenden Denkmodellen spiritueller, philosophischer sowie religiöser Arten und Weisen, ließ mich faszinierende Zusammenhänge wahrnehmen.

Ich verzichte deshalb bewusst darauf, in jedem Detail Hinweise, Fußnoten oder Quervermerke zu weiteren Wissenszusammenhängen zu benennen. Mir ist bei der Erarbeitung dieser Daten nämlich klar geworden, dass ich nicht allein bin, wenn es darum geht den Menschen, als die hier ansprechbare Wesenheit, die Konstruktionsgrundlagen für das Leben zu vermitteln.

Wir sind schließlich alle Kinder eines ständigen Wandels, sowohl die Kinder als auch die Kindeskinder.

Wir alle sind, über Zeit und Raum hinaus, so enorm eng miteinander verbunden, dass es geradezu ein Vergehen darstellt, Marken- oder Patentrechte für einzelne Menschen oder Firmen sichern zu wollen.

Es gibt einfach kein völlig individuelles Dasein. Jedermann ist im Miteinander auch für den anderen mitverantwortlich - für jeden anderen. Deshalb hoffe und erwarte ich, dass sich auch ohne mich, in meiner physischen Abwesenheit, das Material zur Anwendung Spiritueller Rückführungen, speziell der Spiegel-Meditation sowie der Kontemplation schnell und weit verbreiten möge.

Was mich betrüben würde, wäre lediglich, wenn der Fluss zur Anwendung sowie zur Entwicklung des Materials nicht mehr in Bewegung bliebe. Auch sollen sich keine negativ wirkenden Verunreinigungen einschleichen.
Zudem sollen niemals irgendwelche Dogmen aufgestellt werden, die gewonnene Erkenntnisse allzu festschreiben und Automatismen erschaffen.
Ebenso schaden spitzfindige Interpretationen dem gemeinsam erarbeiteten Wissenspool.

Ich bin gerne bereit mitzuhelfen, mich in diesem sowie in allen folgenden Leben einzubringen, für die Verbreitung und Anwendung Spiritueller Rückführungen, der Spiegel-Meditation sowie der Kontemplation.

Der anschließende Haftungsausschluss gilt für all meine Aufzeichnungen.

Etwas Ähnliches muss ein Spiritueller Helfer oder Ganzheitlicher Seelsorger oder Spiritueller Rückführer jedem seiner Freunde, den Rat- und Hilfesuchenden, an die Hand geben.

Dieser Haftungsausschluss dient der Absicherung im rechtlichen Gefüge eines Staates.

HAFTUNGSAUSSCHLUSS:

Du allein bist für Dich selbst verantwortlich!

Indem Du die in meinen Ausführungen beschriebenen Techniken anwendest, bestätigst Du, dass Du auch diesen Haftungsausschluss gelesen, verstanden und akzeptiert hast und dass Du dazu Dein Einverständnis erklärst.

Die Beschreibungen Spiritueller Rückführungen, der Spiegel-Meditation sowie von Kontemplation und der Übungen zur Konfrontation des Seins sind alleine zu informativen oder pädagogischen Zwecken gedacht. Ihr Ziel ist es nicht Krankheiten oder Geisteszustände zu diagnostizieren, zu behandeln oder zu kurieren.

Die vermittelten Informationen wurden auch nicht behördlicherseits überprüft. Ebenso wenig erhebe ich den Anspruch darauf, heilen zu können.

Bei allen Übungen oder Techniken, die hier angesprochen oder beschrieben sind, liegt die alleinige Verantwortung bei Dir, sowohl für die Anwendung als auch für die Umsetzung.

Nur Du kannst eigenverantwortlich einschätzen, inwieweit sie für Dich selbst dienlich und nützlich sind.

Wenn Dir bei irgendeiner Übung etwas nicht stimmig oder nicht positiv erscheint, Du Bedenken haben solltest, so setze die Übung aus, komme erst einmal zur Ruhe. Lege Dich gegebenenfalls hin oder geh an die frische Luft, atme tief durch, schau Dich gut um und entscheide dann selbst ob Du weitermachen möchtest.

Bei möglicherweise geführten Maßnahmen sprich bitte erst einmal mit Deiner Führungsperson. Mit offener Kommunikation kann schon sehr viel gelöst werden.

Bei gesundheitlichen Bedenken, physischen oder psychischen, wende Dich bitte an einen Arzt, an einen Heilpraktiker oder an einen Therapeuten Deines Vertrauens.

Spirituelle Maßnahmen
Teil 2

Spirituelle Rückführung

Die Spirituellen Rückführungen sind ein effektives Angebot zur Bereinigung von dramatisch festgefahrenen, energetischen Eindrücken im Verlaufe der Zeiten, sowohl der näheren als auch der weiteren Vergangenheit.

Dieses hilfreiche Angebot sollte niemals als etwas Dogmatisches aufgefasst oder angesehen werden. Selbstverständlich gibt es auch noch andere brauchbare Möglichkeiten, um im eigenen Lebenslauf Ordnung zu schaffen.

Allerdings kann ich versichern: Mit Hilfe Spiritueller Rückführungen gelangt Jedermann sehr schnell und zielgerichtet an die Ursachen von Schwierigkeiten. Die Gegenwart ist leider sehr häufig nur ein Abklatsch der längst vergangenen Geschehnisse. Um die dort hängen gebliebenen Aufmerksamkeitsanteile, die Energien des Lebens, zu lösen, sind die Techniken der Spirituellen Rückführungen bestens geeignet.

Zudem kann ich mit Fug und Recht behaupten: Was einmal per Spirituellen Rückführungen gelöst wurde, bleibt auch in künftigen Leben gelöst.

Die Zukunft wird dadurch zu einer völlig neuen „Welt der tausend Möglichkeiten".

Schau Dir einfach die vordergründigeren **Zielsetzungen** von Spiritueller Rückführung an:
> Das Lösen von aktuellen körperlichen oder psychischen sowie sozialen Problemstellungen.

> Das Beseitigung von Konflikten mit Partnern und/oder
anderen Personen.
> Das Beheben existenzieller, wie z.B. beruflicher Schwierig-
keiten.
> Die Befreiung von Ängsten, Zwängen, Verlusten, schmerzli-
chen Empfindungen.

Dies alles geschieht nicht im herkömmlichen oder gar im medizinischen Sinne sondern durch die Person selbst.

Jedermann aktiviert seine Selbstheilungskräfte selbst, macht
sich seine Blockaden bewusst, um sie dann zu lösen.

Traumatisch dramatisierte Erlebnisse (besonders aus früheren
Leben) werden von der Person aufgearbeitet und alte, sehr alte Ver-
haltensmuster werden erkannt und losgelassen.

Die in Spirituellen Rückführungen gewonnenen Erkenntnisse führen häufig zu veränderten Betrachtungen, zu einer neuen Sichtweise auf das eigene Leben im Hier und Jetzt.

Du erkennst dadurch immer klarer die größeren Zusammenhänge des Lebens.

Der Zielpunkt lässt sich noch einfacher und präziser fassen: Du
fühlst Dich gelöst, befreit und kraftvoll.

Meditation

Meditative Bewusstseinszustände werden je nach Tradition mit
„Eins-Sein", „im Hier und Jetzt sein" oder „Stille", „Leere" sowie
„frei von Gedanken sein" beschrieben. Meditation ist eine in vielen
Religionen und Kulturen geübte spirituelle Praxis.

Durch aufmerksame Achtsamkeits- und Konzentrationsübungen
beruhigen sich Körper und Geist (hier der Verstand); Vitalität er-
wacht dennoch und das Leben sammelt neue Kräfte.

Meditieren bedeutet beispielsweise im Buddhismus «müheloses
Verweilen, in dem was ist».

Besonders in östlichen Kulturen gilt die Meditation als eine grundlegende und zentrale, das Bewusstsein erweiternde Übung.

Unter dem Bewusstsein versteht man bewusstes Sein mit allen zur Verfügung stehenden Sinnen. Mit den körperlichen, den energetischen sowie mit den geistigen Wahrnehmungsfähigkeiten, inklusive all den jeweiligen Betrachtungen dazu. Mit ihnen wird die Welt erfasst.

Bewusst zu sein definiert sich außerdem über den Besitz und die Empfindung mentaler Zustände wie Wahrnehmungen, Erinnerungen und anderer Vorstellungen.

Die Gedanken aller Arten und Weisen und formloser Formen, wie Überlegungen, Beurteilungen, Einschätzungen, Berechnungen und Bewertungen, Planungen oder der Bildung von Konzepten zählen ebenfalls dazu.

Zudem ist die objektive sowie die subjektive Bewusstheit die besonders dazu nötige Achtsamkeit und die als „energetisch" definierte Aufmerksamkeit.

Um bewusst im Hier und Jetzt zu sein bedarf es des Einsatzes unseres analytischen Verstandes. Nur er kann sowohl sich selbst als auch dem Geistigen Wesen, das wir im Sinne der Seele sind, rückmelden, sobald etwas oder jemand ist.

Somit hat jegliche Art und Weise der Meditation immer den Charakter von stabilem Sein im Dasein. Dies hat selbstverständlich den Vorteil, dass Du, als der Meditierende, niemals den Boden unter den Füssen verlieren kannst – wenn Du alles richtig machst und den meditativen Zustand korrekt zu beenden weißt.

Sie hat aber auch den gravierenden Nachteil, dass immerfort eine Anbindung an den Verstand bleibt. Das heißt Du selbst, TAO, das Geistige Wesen erlangst über die Meditation keine wirkliche Freiheit von den Gepflogenheiten des physikalischen Universum.

Das „Große Spiel" bleibt somit bestimmend für all Deine Lebensumstände. Du bist zwar in der Lage selbstbestimmt zu handeln, unterliegst aber zugleich den Spielbedingungen, die wir uns seinerzeit selbst auferlegt haben.

Spiegel-Meditation

Die Spiegel-Meditation ist eine Meditationsform die unter anderem im Taoismus sowie beim Buddhismus vorkommt. Die gemeinsamen Wurzeln kann ich, aus Erfahrungen mit Spirituellen Rückführungen, auf Atalant zurückführen, dem Planetensystem in dieser Galaxis, genannt Milchstraße. Spirituelle Praktiken der Atalanter finden wir bei fast allen Religionen auf Planet Erde wieder. So haben alte Mystiker und Magier haben sich ihrer ebenso bedient.

Sumerische Quellen, in denen die Spiegel-Meditation aufgeführt sind, fanden und finden ihren Niederschlag bei den Templern, Freimaurern, Rosenkreuzern und anderen Ordensgemeinschaften.

Bei dieser Art der Meditation wird der Entwicklungsweg des eigenen Selbst rückblickend betrachtet.

Diese Form der Meditation wirkt vorübergehend erst introvertierend (nach innen gerichtet) und letztlich extravertierend (nach außen gewandt, weltoffen, unbefangen, allen äußeren Einflüssen zugänglich, ohne ihnen zum opfer zu fallen).

Das Ziel ist:

Völliges Bewusstsein zum eigenen Selbst, im Hier und Jetzt.

Die Spiegel-Meditation dient der Selbstfindung und zur Selbsterkenntnis. Sie führt zu Selbstständigkeit und Selbstermächtigung.

Aber Achtung:
Der einzige Weg hinaus, ist der Weg hindurch!

Wer sich einmal darauf einlässt sollte nicht dazwischen abbrechen. Nur durch fortwährende Übung kannst Du den Erfolg beim Erreichen Deines Zieles gewährleisten.

Der konzentrierte Blick in den Spiegel öffnet, mit genügend Übung, die vom Verstand vorgetäuschte Linie der Zeit.

Diese Art und Weise der Meditation verleiht die besondere Fähigkeit, in bereits vergangene, aber noch immer wirksame, bildhafte und emotional geladene Eindrücke einzutauchen. Sie führt Dich dabei auch in vergangene Erlebenszustände (bis hin zu früheren Leben) mit deren Emotionen und bildhaften Darstellungen.

Indem die Spiegel-Meditation ohne Verklärung sowie ohne Mitleid, auch ohne Pathos, den Einblick ermöglicht, gibt der Spiegel Bilder der ganz persönlichen Vergangenheit preis. Der Spiegel öffnet Dir den Blick in die Tiefe, den Blick für verschiedene Wahrnehmungen und Ausprägungen des eigenen Lebens.

Über den Spiegel gelangst Du an nichtbewusste, bislang verborgene oder verschüttete Aspekte des eigenen Selbst.

Was geschieht?

Da wir in Allem, was es während der Spiegel-Meditation zu konfrontieren gilt, immer nur uns Selbst begegnen, erfordert es ziemlich viel Mut, in den eigenen Spiegel zu schauen.

Und eine große Bereitschaft ist notwendig, die Verantwortung für das eigene Leben auf dem selbst gewählten Weg der Weiterentwicklung zu übernehmen.

Es ist nicht immer angenehm, das eigene Spiegelbild anzuschauen. Doch, die Konfrontation mit dem Selbst bedeutet für Dich auch das Ende von Suggestion (unterschwellige Beeinflussungen), von Projektion (Verlagern von verdrängten, inne wohnenden Motiven in die Außenwelt) und von Fremdbestimmung.

In dieser Art und Weise der Meditation ist es möglich, Dich selber rückblickend wahrzunehmen, über die eigene Geburt hinaus.

Diese Reise in die eigene Vergangenheit zeigt Dir die wichtigsten Situationen und Momente Deines Lebens auf geistigen Ebenen. Die gefundenen Aspekte zeigen Deine Entwicklung im Verlaufe der vorgeblich linear messbaren Zeit.

Du wirst dabei die verborgene Sicht, das Nichtbewusste, in Deinem Spiegel nach Außen zurückgespiegelt bekommen.

Auch kannst Du tatsächlich körperlich spüren und geistig wahrnehmen, wonach Du Dich als Geistiges Wesen, als TAO-Seele, als „die Person selbst" sehnst.

Welche Form der Veränderung und auf welchem Wege Du wahrhaft anstrebst wird Dir bewusst.

Kontemplation

Im Unterschied zur Meditation richtet sich die kontemplative Anschauung zum Göttlichen.

In meiner atalantischen Sichtweise befinden wir uns bei der Kontemplation im besinnlich beschaulichen, jedoch untätigen Zustand, hin zu TAO, über das Geistige TAO zum Göttlichen TAO.

Somit ist die per Wikipedia übliche, lateinische Definition von Kontemplation (lateinisch contemplatio: „Richten des Blickes nach etwas", „Anschauung") für mich nicht ganz brauchbar.

Jene sogar „geistige Betrachtung", im Sinne eines konzentrierten Betrachtens, wie sie in philosophischen und religiösen Texten auch bezeichnet wird, hat noch zu viel mit einer verstandesmäßigen Vorgehensweise gemeinsam.

Dies ist der Art und Weise der Meditationsformen noch zu ähnlich und geht nicht über sie hinaus.

Meine Denkweise entspricht ungefähr dem Begriff in der griechischen Philosophie.

Dort geht es bei der Kontemplation in erster Linie um die Betrachtung eines geistigen, ungegenständlichen Objekts, in das man sich vertieft, um darüber Erkenntnis zu gewinnen.

In deren religiösem Kontext ist das Objekt oft eine Gottheit oder deren Wirken.

Die Kontemplation der Griechen präsentiert sich somit als intuitive Alternative oder weiterführende Ergänzung zum eher meditativen oder auch diskursiven Bemühen um Erkenntnis.

Wikipedia befasst sich, wie ich gefunden habe, sehr ausführlich mit der Thematik. Ich meine, diese Darstellung sollte ich Dir nicht vorenthalten. So heißt es dort: Wenn im menschlichen Leben die Betrachtung eine dominierende Rolle spielt, spricht man von einer theoretischen oder kontemplativen Lebensform oder -phase (lateinisch: vita contemplativa) im Gegensatz zur „praktischen" Lebensweise, dem auf äußere Aktivität ausgerichteten „tätigen" Leben (lateinisch: vita activa).

Das Spannungsverhältnis und die Rangordnung zwischen Betrachtung und Aktivität zählt seit der Antike zu den am intensivsten diskutierten Themen der philosophischen und religiösen Ethik.

In der Antike und im Mittelalter herrschte in tonangebenden intellektuellen Kreisen die Auffassung vor, dass die Beschaulichkeit die beste Daseinsform sei, da sie die wertvollsten Früchte erbringe. Dies änderte sich jedoch in der Neuzeit, vor allem in der Moderne.

Die herkömmliche Überzeugung, dass kontemplative Reflexion einen privilegierten Zugang zu besonders wichtigen Einsichten biete, stieß auf zunehmende Skepsis.

Besondere Konzepte zur Kontemplation wurden zuerst in antiken Philosophenschulen ausgearbeitet.

Im Christentum wird die Kontemplation seit der Zeit der Kirchenväter als Ausrichtung auf Gott geschätzt, gepflegt und in spiritueller Literatur eingehend erörtert. Für große Teile der christlichen Welt bildet die kontemplative Betrachtung der Werke Gottes und eine auf Gott selbst gerichtete Kontemplation traditionell einen Kernbestandteil des religiösen Lebens der Frommen.

Dies gilt vor allem für das katholische und das orthodoxe Eremiten- und Mönchtum, aber auch für eine weit verbreitete Laienfrömmigkeit. Oft wird von der Kontemplation eine Erfahrung von Gottes Gegenwart oder sogar eine Gottesschau erhofft. Die geistlichen Autoren pflegen aber seit jeher zu betonen, dass eine solche Schau ein göttlicher Gnadenakt sei und vom Menschen nicht aus eigener Kraft herbeigeführt werden könne.

Auch im Islam, in Hinduismus und Buddhismus sind kontemplative Praktiken verbreitet.

Im **Judentum** gab es in der Antike und im Mittelalter keine Tradition einer beschaulichen Lebensweise in Abgeschiedenheit. Zwar entstanden im Hoch- und Spätmittelalter unter islamischem Einfluss kabbalistische Schriften, die kontemplative Stille als Weg zu Gott empfahlen, doch war damit keine äußerlich erkennbare besondere Lebensform und keine Absonderung vom normalen sozialen Leben gemeint. Der hebräische Ausdruck hitbodedut („Abgeschiedenheit") erhielt in manchen kabbalistischen Texten ab dem 13. Jahrhundert die Sonderbedeutung von konzentriertem Nachsinnen in einem kontemplativen Prozess.

Nach meiner Überzeugung finden wir allerdings hierbei eher eine meditative Vorgehensweise wieder. Immerhin durfte der Verstand sich hierbei weitgehend analytisch betätigen.

Die kontemplative Praxis im **Islam** wird als „sich erinnern" (ḏikr) oder „sich an Gott erinnern", „Gottes gedenken" (ḏikr Allah) bezeichnet. Es handelt sich um ein nichtrituelles Gebet, das in der ständigen Wiederholung einer Formel, eines Glaubenssatzes oder eines Gottesnamens, besteht.

Ḏikr kann allein oder in einer Gruppe, schweigend oder laut vollzogen werden. Verbreitet ist die Anrufung Gottes mit einem seiner rühmenden 99 Namen, die jeweils eine seiner Eigenschaften nennen.

Im **Hinduismus** verwendet man für die drei aufeinanderfolgenden Stufen der Betrachtung, die den höheren Teil des Yoga-Weges ausmachen. Die Sanskrit-Bezeichnungen hierfür sind dharana, dhyana, und samadhi.

Die erste Stufe ist dharana, die Übung der Konzentration, die eine Vorübung der eigentlichen Kontemplation darstellt. Gemeint ist eine Ausrichtung der ganzen Aufmerksamkeit und aller Gemütsbewegungen auf einen bestimmten innerlich in den Blick genommenen Gegenstand.

Wenn diese Übung gemeistert ist, geht sie in die eigentliche Kontemplation, dhyana, über.

Dhyana bedeutet „Nachsinnen, sich sinnend in einen inneren Gegenstand versenken".

Zur Konzentration auf das Objekt tritt nun das Erforschen und Erfassen von dessen Wesen hinzu. Dies geschieht in einer Schau, an der alle Seelenkräfte beteiligt sind. Erforderlich ist nicht nur die Tätigkeit des Intellekts, sondern auch die Fähigkeit, sich dem Objekt hinzugeben.

Dabei ergreift gewissermaßen der Gegenstand vom Betrachter Besitz. Er übt auf ihn eine aufsaugende Gewalt aus.

Dieser Zustand gilt als Vorbereitung für die höchste Kontemplationsstufe, die samadhi genannt wird.

Samadhi ist das „Zusammenfügen" oder „Zusammenlegen", bei dem die Einheit von Subjekt und Objekt erlebt wird.

Im **Buddhismus** wird die Kontemplation mit dem Pali-Wort jhana bezeichnet, das dem Ausdruck dhyana im Sanskrit entspricht.

Nach der buddhistischen Tradition wird jhana in eine Reihe von aufeinanderfolgenden Stufen unterteilt. Hierbei handelt es sich um eine Praktik, die durch ausschließliche Konzentration auf einen einzigen Gegenstand, das jeweilige Objekt der Betrachtung, gekennzeichnet ist. Sie gilt als Voraussetzung für die Einsicht in die wahre Natur der Phänomene.

Jede Sinnesaktivität ist eingestellt. Der Weg führt vom Bereich der Formen, der materiellen Objekte oder der daraus abgeleiteten Vorstellungen, zum Formlosen.

Zu den Betrachtungsobjekten zählen Vergänglichkeit, Leiden, Unpersönlichkeit und Leerheit. Allerdings führt diese Art und Weise der Kontemplation, nach buddhistischem Verständnis, nicht zum eigentlichen Ziel aller Bemühungen, zu dem „Erwachen", sondern bereitet nur darauf vor. Die Zustände, die dabei erreicht werden, sind vergänglich. Sie haben keinen endgültigen Charakter und sind daher von begrenztem Wert oder sogar fragwürdig.

Im **Daoismus** oder **Taoismus** erklärt sich die Kontemplation als „Der Aufstieg des Menschen zu Gott".

Hier besteht ein Unterschied zu der abendländischen Tradition, die den Weg des Aufstiegs als ein religiöses und philosophisches Sinnbild für den Lebenslauf, die Lebensaufgabe des Menschen und vor allem für den spirituellen „Weg des Menschen zu Gott" versteht.

So ist die Verwendung von Weg oder Pfad im Daoismus fundamental, von entscheidender Bedeutung.

Ähnlich wie bei der Kontemplation zur Christus-Nachfolge, bei der das Leben und das Werk Christi verinnerlicht wird, besteht die mystische Kontemplation des Dao im Weg oder Pfad zur eigenen inneren Versenkung, der sich in Visionen äußern kann.

Immer jedoch ist der Weg oder Pfad ein Zentralbegriff, der als schrittweiser Fortschritt zu Gott führen soll.

Der Pfad im Dao ist nicht gleichbedeutend mit dem zielgerichteten Weg in der christlichen Mystik. Der Weg oder Pfad ist hier kein Mittel zum Zweck, auch nicht zum Zweck der Gotteserkenntnis.

Dao ist vielmehr das völlige Loslassen alles Irdischen oder vielmehr des Physikalischen. Es gipfelt darin, sich selbst im Göttlichen zu Finden. Damit erlangt man die Meisterschaft über sich selbst sowie über die eigene Lebendigkeit und damit über das Leben an sich.

Mit dieser Art und Weise der Kontemplation kann ich zu hundert Prozent übereinstimmen. Darin finde ich den Umgang dieser Übung wieder, wie wir sie in unser Gemeinschaft, dem „Freien Orden freier Wesen", praktiziert haben.

Offenbar hat sich unser Atalantisches Wissen über das Geistige TAO sowie über das Göttliche TAO tatsächlich im irdischen Daoismus oder Taoismus weitgehend erhalten.

Um dem Ganzen etwas mehr Substanz zu verleihen, versuche ich nun einige Begriffe näher zu beleuchten:

Das **Selbst**:

Körper und Geist (Verstand) und Seele (TAO)! Die Wahrnehmung zum Körper, mit Zellstaat und Energiefeld, ist hierfür ebenso entscheidend wie die zur Wirkungsweise des Verstandes, dem weitgehend auf Logik basierenden, analytisch denkenden, energetischen Konstrukt.

Die Durchführung von berechnenden und wertenden Zuordnungen und Vergleichen ist ein wichtiger Teil seiner Aufgaben. Dadurch bekommt das Selbst Bestand im physikalischen Universum.

TAO, die Seele, die jemand ist - nicht hat, ist das „Geistige Wesen" oder „die Person Selbst".

TAO trägt wesentlich zum Verständnis eines Selbst im übergeordneten, spirituellen Sinne bei. Diesem Höheren Selbst streben wir zu, wenn wir uns mit Spirituellen Rückführungen oder mit Spiegel-Meditation beschäftigen. In unserem derzeitigen Dasein haben wir diese Verbindung zumeist verloren.

Ich finde es zudem überaus wichtig, dass wir uns sowohl das Hier als auch das Jetzt bewusst machen und uns deren Wahrheit stellen, die aus der geistigen Wirklichkeit entsteht und zur physischen Realität wird.

Das **Hier**:

Unmittelbarer Ort! Man befindet sich in vollständiger, stabiler Bewusstheit, zum jeweiligen örtlichen Umfeld.

Auch, wenn die Orte ständig wechseln, wird die Umgebung immer aufmerksam wahrgenommen, inklusive aller Personen und Tiere, der Gegenstände, jeglicher sinnlicher Einflüsse und sonstiger „Störfaktoren".

Die Aufmerksamkeit, als Energie, hält uns am jeweiligen Ort. Über die Aufmerksamkeit nehmen wir Verbindung zur Umgebung auf. Damit gelingt uns nämlich die energetische Zuordnung unseres Selbst zum Hier.

Darüber hinaus vermittelt uns eine aufmerksame Wahrnehmung die Verbundenheit zum gemeinsamen Erleben. Wir sind dadurch nie allein im Hier.

Das **Jetzt**:

Absolute Gegenwart! Jeglicher Bezug zur Vergangenheit, der eigenen sowie der von geschichtlich Fremden, ist in diesem Zustand bewusst gemacht, wird so absolut stabil gehalten und der Gegenwart zugeordnet.

Die Zukunft ist hierbei: Die völlig bewusst erlebbare Wahrnehmung von vielerlei Möglichkeiten in immerwährender Veränderung.

Die Zukunft wird dabei verantwortungsbewusst gestaltet und in Übereinstimmung mit anderen erschaffen, mit dem Jetzt, eben der Gegenwart, als Ausgangsbasis.

Auch hier spielt die Aufmerksamkeit eine entscheidende Rolle, denn ohne die energetische Zuordnung zum Jetzt in seiner Veränderung würden wir vollkommen aus der Zeit fallen.

Der Bezug zum Zeitsystem unserer Mitwesen würde sich auflösen. Dadurch hätten wir einen wichtigen Part unseres gemeinsam geschaffenen physikalischen Universum aus den Augen verloren. Wir würden zum einsam dahingleitenden Fremden ohne bleibende Verbindung zum Miteinander.

Geführte Maßnahmen

Als Spiritueller Helfer habe ich mir in den vergangenen 30 Jahren dieses Lebens das Wissen und die Fähigkeiten aneignen dürfen, um meinen Mitmenschen helfen zu können.

Mit verschiedenen Mitteln und Wegen bringe ich Menschen, also auch Dich, das im Menschlichen gebundene Geistige Wesen, dazu, sich selbst zu erkennen und sich damit sogar selbst zu heilen.

Ich bin nur derjenige, der Dir Hilfe und Unterstützung anbietet. Du, die heilige, unzerstörbare TAO-Seele, bist im Letztlichen Dein eigener Heiler von Körper und Geist.

Niemand sonst kann Dir gegenüber behaupten: „Ich heile Dich!" Das ist eine Anmaßung, die leider nur allzu oft von der Zunft der Heiler, ob medizinisch oder spirituell, gebraucht wird. Damit wird den Rat- und Hilfesuchenden die Eigenverantwortung aus den Händen genommen. Sie werden durch diese Aussage sich selbst gegenüber weniger bewusst und damit vom System abhängig gemacht.

Als Seele musst Du Dich aus den Verstrickungen lösen, um von Dir aus Körper und Geist zu heilen.

Du Seele kannst sowieso weder krank sein, noch kann man Dich, wie man Dir gerne einzureden versucht, in irgendeiner Art und Weise schädigen oder gar töten. Du bist stark, machtvoll und völlig unverwundbar.

Allein schon diese Erkenntnis hat einigen meiner Freunde aus ihrem Jammertal heraus geholfen.

Ich selbst biete lediglich Möglichkeiten an und zeige Dir, im Laufe der jeweiligen Führung, Verschiedenes auf.

Du kannst selbst in Dein Innerstes blicken, Dich wahrlich selbst erkennen und unverfälscht wahrnehmen.
Die nachfolgend nötigen Schritte, auf dem Weg zu Deiner Selbstheilung, musst Du dann allerdings selber tun.

Die Rolle als Spiritueller Helfer

Zur Durchführung von Spirituellen Rückführungen bedarf es eines Rückführers, ähnlich sieht es bei Meditation sowie Kontemplation aus, auch hier gibt es einen Spirituellen Helfer.
Dies ist jeweils eine zweite Person die mittels der Zwei-Wege-Kommunikation, die noch beschrieben wird, ohne Wertung, weder Abwertung noch Bewertung, in der Lage ist absichtsvoll zu führen.

Der Spirituelle Helfer greift verständnisvoll auf, mit welcher Problemstellung ein Suchender oder ein Interessent zu ihm kommt.
Er weiß, aufgrund seiner Ausbildung oder von Erfahrungen, mit ziemlicher Sicherheit wohin die Reise gehen soll oder gehen kann.

Der Spirituelle Helfer startet eine Sitzung beispielsweise mit den Worten: „Start der Sitzung!", hält sie am Laufen und beendet diese ordnungsgemäß mit Worten wie: „Ende der Sitzung!"

Dieser abschließenden Worte sind wichtig damit der rat- und hilfesuchende Freund oder Interessent nicht unentwegt durch die Zeit geistert, sondern tatsächlich in der Gegenwart ankommt und letztlich hier bleibt.

Das Hier und Jetzt wird bestärkt.

Die Regelung zur Mithilfe einer zweiten Person, gilt für eine gewisse Zeit, zu Beginn einer jeden Maßnahmenfolge.

Erst, wenn Du einen höheren Grad an bewusstem Sein erreicht habst, kannst Du Dich selbst auf die Reise zum Ursachepunkt von Problemstellungen begeben und dort aufräumen.

Doch auch dann solltest Du Dir immer wieder den Weg zurück, zur Gegenwart, klar vor Augen halten. Es macht keinerlei Sinn andauernd nur in irgendeiner Vergangenheit zu wühlen.

Entscheidend ist immer die Stabilität des Hier und Jetzt zu wahren und auch zu verbessern.

Erst, wenn Du, die TAO-Seele, Dich per Meditation oder Kontemplation ausreichend von den schwerwiegendsten Beeinträchtigungen befreit hast, die Deinen ach so analytischen Verstand beeinträchtigen, kann dieses Konstrukt auch eigenständig weiter bei sich aufräumen.

Dafür musst Du aber erst selbst klar erkennen und es eindeutig wissen, dass Du Dich stabil im bewussten Sein befindest, im Hier und Jetzt.

Es ist die Verpflichtung eines jeden Spirituellen Helfers, die von ihm einmal betreute Person ohne jede Betrachtung, ohne Bewertung und ohne Abwertung, ziehen zu lassen, wenn diese meint, sie könne von nun an selbst mit ihren Problemstellungen umgehen.

Dennoch muss es auch immer eine offene Türe geben, wenn sich dies als ein Trugschluss herausstellen sollte.

Der Spirituelle Helfer weiß: Die Menschheit, so gut wie alle Menschen, befindet sich zur Zeit leider fast vollständig in einem Zustand von herabgesenkter Bewusstheit.

Deshalb sind alle Formen von Suggestion, auch Selbstsuggestion, bis hin zu Hypnose, hypnotischer Trance oder Drogentrance, völlig falsche Wegweisungen, wenn jemand auf der Suche zu sich Selbst ist, zum bewussten Sein.

Spirituelle Helfer sind ausschließlich religiös spirituelle Helfer, auf dem Pfade zu Erkenntnissen und zu Wissen sowie zu Selbsterkenntnis, Selbstbestimmung, Selbstständigkeit und Selbstermächtigung, zu ständigem Selbst.

Spirituelle Helfer sind keine Motivatoren und keine Coaches, die ihre Stärke übertragen wollen oder sollen. Ein Spiritueller Helfer „peitscht" auch niemanden durch irgendwelche Schwierigkeiten hindurch. Spirituelle Helfer verabreichen somit keinerlei motivatorische Schläge oder Tritte, auch wenn dies von manchen Rat- und Hilfesuchenden als wünschenswert angesehen werden sollte.

Ein Spiritueller Helfer setzt von sich aus keine Ziele für den Freund. Ein Spiritueller Helfer übernimmt damit keinerlei Mitverantwortung beim Fortleben der Menschwesen die ihn in Anspruch nehmen, aus welchem Grunde auch immer.

Jeder Mensch soll, ja muss uneingeschränkt die Gelegenheit bekommen, selbstbestimmt durchs Leben zu gehen.

Spirituelle Helfer sollten sich zudem auf keine langwierigen Diskussionen einlassen. Denn das einzige was wirklich Sinn macht ist, über alle Wortspiele hinaus, dass die Person kontinuierlich in ihrem eigenen Verstand aufräumt und dadurch Ordnung in ihrem Leben schafft.

Genau dafür gibt es die Arten von Meditation sowie Kontemplation, wie ich sie anwende und weiter vermittle.

Eine gewisse Anzahl dieser Maßnahmen führt automatisch dahin, dass eine sinn- und zwecklose Diskutiererei irgendwann von selbst aufhört, weil sich ein völlig neues Wissenspotential eingestellt hat.

Denn über Meditationen beziehungsweise Kontemplationen erwirbst Du Dir unumstößliche Erfahrungen, wenn Du Dich darauf einlässt.

Du erfährst eine sternenhohe Wissensgewissheit über das Erleben, sowohl von der Geistigkeit als auch von vielerlei Lebendigkeit, über lange, lange Zeiträume.

Der große Vorteil einer Führung besteht darin, dass Du:

1) nicht allein bist, wenn sich Schwierigkeiten auftun.

2) wahrnehmbare Emotionen leichter ertragen kannst.

3) schneller durch alle auftretenden Bilder hindurch kommst.

4) dem Endphänomen, dem bewussten Sein im Hier und Jetzt, zweifelsfrei begegnen kannst.

Bei Meditation sowie Kontemplation können Situationen auftreten, die Dir nicht ganz geheuer erscheinen mögen. Als Dein Führender, halte ich dann Erklärungen und Hilfen bereit.

Wenn es Dir zu viel werden sollte, leite ich Dich hindurch und bringe Dich mit Geduld voran.

Bei den fortschreitenden Sitzungen kommst Du vermutlich an Punkte, die von Dir Veränderungen fordern.

Für Dich entstehen dann andere Betrachtungsweisen aus den neuen Erkenntnissen und Gesichtspunkten heraus; ein erweiterter Horizont für andere Perspektiven tut sich auf.

Als der Führende kann ich Dir, wenn Du es zulässt, dabei behilflich sein, Deinem Weg mehr Leichtigkeit zu verleihen.

Lasst uns also gemeinsam anschauen, welche Möglichkeiten die offensichtlich wahre Gegenwart und die wandelbare Zukunft für Dich bereithalten.

Bei Meditation und Kontemplation und aus ihnen heraus, erwachsen Dir zudem Kräfte die Du heute bestenfalls erahnen kannst.

Um schließlich absichtsvoll damit umgehen zu können, ist deshalb, zumindest vorübergehend, eine Führungsperson sinnvoll, die auch weiß, worum es dabei geht.

Ich bin gerne bereit Dir Hilfestellung zu leisten, wenn Du Dich dazu entscheidest den spirituellen Pfad zu gehen, den

„Pfad mit Meditation, Kontemplation oder Spirituellen Rückführungen."

Aktionszyklen

Ein Zyklus ist ein Kreis oder ein Kreislauf mit regelmäßiger Wiederkehr; von griechisch kyklos = "Kreis". Dieser Kreis, der in allen Aktionen wiederzufinden ist, besteht aus:

Starten - Verändern - Stoppen

Genauer sind es allerdings vier Stadien, ähnlich wie bei den vier Jahreszeiten:

Frühjahr – Sommer – Herbst – Winter

dem entsprechend

Starten - Aufbauen - Abbauen - Stoppen

oder aber:

Starten - Erschaffen - Zerstören - Beenden

oder aber:

Geburt - Wachstum - Verfall - Tod

So wie sich alle Geschehnisse im Leben in den Zyklen (Kreisläufen) mit einem Anfang, dem Ablauf und einem Ende bewegen oder bewegen sollten, so auch in den Bereichen des Geistigen.

Ohne diese klare Abgrenzung des Vorganges bleibt Energie gebunden. Ein Feuer könnte niemals brennen. Oder in der Art und Weise von Aufmerksamkeit häuft sich Unerledigtes an.

Eine Behandlung beispielsweise (egal welcher Art und Weise) die weder sauber gestartet wurde, noch, was richtig schlimm sein kann, eindeutig beendet wird, lässt die zu behandelnde Person mit ihrer Aufmerksamkeit im Behandlungszyklus hängen.

Sie kann somit nur unvollkommen in einen sich anschließenden Heilungsprozess eintreten. Es kehrt keine Ruhe ein!

Die Aufmerksamkeit oder Energie, körperliche sowie geistige, die von der nicht ordnungsgemäß abgeschlossenen Behandlung ausgeht, hängt sich fest. In den Speichereinheiten von Körper und/oder der energetischen Aura sowie in den Gedankenbildern des Verstandes bleibt der Behandlungszyklus aktiv. So kommt der Mensch weder gedanklich noch in seiner Entwicklung weiter voran.

Als Beispiel für einen Zyklus, der selten zeitnah ordentlich vollendet wird, ist der Vorgang der Essensaufnahme mit dem Abräumen von Geschirr:

Den Start setzt der Hunger oder eine normierte Essenszeit.

Mit der Zubereitung des Essens über das Tischdecken bis hin zum Essen, in Form der Nahrungsaufnahme, am Tisch oder dergleichen, funktioniert der Zyklus eines Aufbaues noch recht ordentlich.

Beim Abräumen, oder wenn es ans Abwaschen geht bis hin zum Verräumen von Geschirr und Besteck, scheiden sich die Geister.
Erst, wenn sich dennoch ein guter Geist findet, wird wieder Ordnung einkehren. Dieser macht es sich also zur Aufgabe den Zyklus zu vollenden.

Nach der Vollendung eines Zyklus sollte immer der ursprüngliche Zustand, nun im gegenwärtigen Hier und Jetzt, wieder hergestellt worden sein.
Unbelastet von dem alten Zyklus kann sodann ein neuer Zyklus gestartet werden.

***** ***** *****

Im Folgenden findet Ihr den Ablauf eines Aktionszyklus für jede Art und Weise von spirituellen Maßnahmen, hier speziell für Spirituelle Rückführungen, für die geführte Spiegel-Meditation sowie für Übungen in Kontemplation.

Start:

Als Spiritueller Helfer setzt Du die Maßnahme in Gang, beispielsweise mit einer Äußerung wie: „Wir fangen jetzt an!" oder „Ich starte jetzt die Maßnahme!" oder „....!"

Halte das bequeme Gegenüber, die bequeme Konfrontation, mit Deinem Freund von nun an aufrecht. Lasse Dich von äußeren Einflüssen nicht ablenken.

Veränderung:

Nehme jetzt genau wahr was Du bei Deinem Freund, dem Rat- und Hilfesuchenden, siehst oder hörst. Lasse Dir Zeit und beobachte möglichst objektiv. Bewerte nichts, keinerlei Be- oder Abwertung - nimm einfach nur wahr.

Vielleicht nimmt eine gezeigte oder verbal geäußerte Information Gestalt an. Damit sollst Du Dich intensiver befassen.

Du wirst bald feststellen, dass es nicht bei einem Bild oder mehreren Bildern bleibt. Nicht selten gesellen sich auch Gefühle und Emotionen dazu.

Lasse auch Gefühle in Dir selbst aufsteigen, wenn sie über Deinen Freund, dem Rat- und Hilfesuchenden, als Worte oder als ganze Geschichten erfahrbar werden.

Es ist durchaus in Ordnung, wenn Du selbst kurzzeitig in die Bildgestaltung der Person mit eintauchst.

Übe beständig das Gewinnen unvoreingenommenen Vertrauens in eine andere Wirklichkeit oder das Zutrauen für eine höhere Qualität der Wahrnehmung.

Bleibe in jedem Falle weitgehend bewusst. Dein Zustand der Bewusstheit wirkt prägend. Nur durch ein sehr hohes Niveau an Aufmerksamkeit kannst Du wirklich führen. Dein Zustand muss dem jeweiligen Geschehen gerecht werden. Während einem eindeutig bestimmbaren Zeitablauf bist Du in hohem Grade gefordert.

Selbst wenn es Dich ängstigst oder gerade dann, wenn der Kontakt zu unbequem wird, es so richtig unangenehm wird, darfst Du die Maßnahme dennoch nicht abbrechen.

Führe den Kontakt konzentriert fort, bis zu einem eindeutig guten Punkt.

Der gute Punkt tritt ein, sobald Dein Freund, Rat- und Hilfesuchender, durch erst weniger leicht und dann immer leichter erlebbare Schwierigkeiten hindurch gegangen ist.

Diese auftretenden Problematiken sollte er gemeinsam mit Dir überwinden können.

Am guten Punkt angekommen, fühlt sich der Freund, Rat- und Hilfesuchende, irgendwie gestärkt und erleichtert.

Die problemlose Rückkehr ins Hier und Jetzt musst Du sodann in jedem Falle anstreben.

Stop:

Beende die Maßnahme mit einer eindeutigen Ansage: „Ende der Maßnahme!" oder „Ende der Sitzung!" oder „Danke, das war's!"

Als brauchbar hat sich Folgendes heraus gestellt: „Fünf, vier, drei, zwei, eins.", ein Fingerschnippen sowie „Ende der Sitzung!"

Dann die Fragestellung: „Welcher Tag ist heute?" Wobei das Datum weniger wichtig, als vielmehr der Wochentag und das Jahr sind.

Wichtig ist letztlich, wieder von den Eindrücken loszukommen und Deinem Freund, Rat- und Hilfesuchenden, erneut Bewusstheit in der Gegenwart zu geben.

Mit einigen tiefen Atemzügen ist er nach kurzer Zeit wieder ganz im Hier und Jetzt, in der Realität des Tagesbewusstseins.

Nehmt euch noch ein wenig Zeit, um zu verstehen was vorgefallen ist. Eine kurze Besprechung kann noch angebracht sein. Verlasst dann in aller Ruhe den Ort der Maßnahme.

Achtung:

Jedes Wegschauen oder jede Unaufmerksamkeit von Seiten des Spirituellen Helfers unterbricht den Prozess, be- oder verhindert damit den Erfolg.

Angst, Schmerz, Scheu und Mitleid sind sehr schlechte Ratgeber für Dich, als Helfer.

Beim Erleben der zum Prozess gehörenden Dramatisationen und ureigenen Zustände müssen die darin enthaltenen Emotionen sachte durchschritten werden.

Dies dient ganz besonders der persönlichen Erkenntnis Deines Freundes, des Rat- und Hilfesuchenden.

Eine gute Hilfe ist:

Alles Wahrgenommene und Deine eigenen Gedanken dazu, entweder während oder kurz nach der Durchführung einer Maßnahme aufzuschreiben.

Wenn sich eine Erwartung nicht unmittelbar erfüllt oder sich eine Besserung oder eine Erkenntnis nicht direkt eingestellt hat, so lasst es gemeinsam so stehen. Lasst erst einmal Ruhe in den Gedanken einkehren!

Versucht dann einfach das Wahrgenommene später noch einmal aufzugreifen. In gemeinsamer Übereinstimmung könnt ihr immer wieder einmal versuchen daran anzuknüpfen.

Vielleicht war vorerst etwas anderes wichtiger oder der Verstand Deines Freundes, Rat- und Hilfesuchenden, war eben noch nicht bereit, sich den grundlegenderen Problemen zu stellen.

Lasst euch niemals entmutigen!

Gefahren

Für körperlich und geistig gesunde Menschen sind Meditation oder Kontemplation völlig ungefährlich.

Jedoch kann es durchaus vorkommen, dass heftige emotionale Schübe jemand vorübergehend aus dem Gleichgewicht bringen können. Immerhin begegnest Du Dir nicht alle Tage in einem anderen Zustand als dem gerade „normalen Dasein".

Ich habe erlebt, dass jemand seine Gefühle nicht mehr kontrollieren konnte und weinend zusammengebrochen ist. Andere wurden aggressiv und wieder andere verloren sich in der Betrachtung des eigenen Selbst bis zur Selbstverliebtheit.

Dabei kommt mir die Geschichte von Narziss in den Sinn. In der griechischen Mythologie war er der schöne Sohn des Flussgottes Kephissos und der Leiriope, der die Liebe anderer zurückwies.

Beim Blick ins Wasser verliebte er sich unsterblich in sein Spiegelbild, um dann an dieser Quelle zu sterben.

So weit ist es meines Wissens doch noch nie gekommen. Jedoch sollte sowohl der Start als auch der Endpunkt von Meditation oder Kontemplation immer bewusst gesetzt werden.

Schreckhafte Menschen sollten sich klar darüber sein, dass auch nicht ganz so schöne Szenen, um nicht zu sagen schreckliche Wahrnehmungen in Erscheinung treten.

Abraten möchte ich von selbstständiger Meditation oder Kontemplation allerdings den Menschen denen eine psychische Erkrankung diagnostiziert wurde. Insbesondere, wenn jemand unter dem Einfluss von Medikamenten steht, darf er weder Meditation noch Kontemplation durchführen.

Personen die sich in einem psychologischen oder psychiatrischen Behandlungszyklus befinden, empfehle ich dringend von Meditation sowie Kontemplation Abstand zu nehmen.

Selbstverständlich solltest Du auch in jedem Falle darauf achten, dass Du zumindest 24 Stunden vor einer spirituellen Maßnahme keinen Tropfen Alkohol getrunken haben darfst.

Auch musst Du ausgeschlafen sein und Du solltest vorher etwas gegessen und getrunken haben.

Übrigens: Es kann tatsächlich vorkommen, dass Du Deine so genannte Persönlichkeit veränderst.

Unter diesem Begriff der Persönlichkeit verstehen die Menschen den Charakter oder das charakterisierende Potenzial, auch bekannt als Individualität.

Dieser Charakter ist ein Konglomerat aus positiven sowie negativen Erfahrungen, aus eingeimpften oder antrainierten Dogmen und Anschauungen, aus Glaubenssätzen und Überzeugungen sowie aus eingeschulten Wissensinhalten und gegenwärtiger Wahrnehmung.

Die Veränderung von Charakteristikas sind durchaus möglich. So schwanken sie ebenfalls deutlich bei der Einnahme von Drogen und Alkohol.

Die spezielle Gefahr bei den möglichen Veränderungen besteht darin, eventuell gestärkt gegenüber Partnern und Mitmenschen hervorzugehen. Mache Dich also schon im Vorfeld damit vertraut, dass Dein Umfeld anders auf Dich reagieren wird, als zuvor.

Meditation und Kontemplation vermitteln Dir Dein wahres Potenzial, sowohl körperlich als auch geistig und sozial.

Solltest Du diese Änderung nicht wünschen, so bleibe den spirituellen Maßnahmen unbedingt fern.

Es bleibt Dir aber immer noch die Chance, mit einem Spirituellen Helfer den Pfad zu begehen. Denn erfahrene Spirituelle Helfer können negative Erscheinungen ausgleichen.

**Der Mensch braucht Orte, die gefährlich
und mystisch erscheinen,
Orte die das Abenteuer ahnen lassen!**

Wolf-Ulrich Cropp, deutscher Schriftsteller

Sinn und Nutzen

Bei jeder Art und Weise verschiedener Formen von spirituellen Maßnahmen geht es sowohl bei Meditation als auch bei Kontemplation letztlich darum, bequem im Hier und Jetzt anzukommen.

Die grundlegende Besonderheit bei von mir geführter Meditation sowie Kontemplation ist die zunehmend und letztlich dauerhafte:
Nach außen gewandte Haltung.

Denn erst Extraversion (das nach außen gerichtete Sein) bewirkt über die Anwendung der Übungen:
Ein verbessertes Überleben und ein intensiveres Erleben.

Entspannung durch Konfrontation

Anspannung und Entspannung bedingen einander. Eine Anspannung während der Übungen führt, im Nachhinein, zur Entspannung im Leben.

Indem nämlich die eigenen Bilder ordentlich konfrontiert werden, tritt, im Anschluss an die Übungen, bequemes Entspannen ein. Denn Konfrontation heißt per Definition unter anderem auch:
Konflikten bequem und gewaltfrei begegnen können.

Steigerung der Konzentrationsfähigkeit und der Lernfähigkeit

Wer sich selbst und seine Umgebung bequem konfrontieren kann, erhöht enorm seine Aufnahmefähigkeit, also die Konzentrations- und Lernfähigkeit.

Ein Wegdriften, hinein in gedanklich konstruierte Welten, verhindert das bewusste Dasein im Hier und Jetzt.

Dadurch wird das analytische Denkvermögen stark beeinträchtigt. Das Erkennen logischer Zusammenhänge schwindet, da nicht mit korrekten Datensätzen gearbeitet wird.

Die Daten der eigenen Vorstellungswelten mischen sich verquert mit denen der realen Umgebung.

Der Blick für eine offensichtlich wahrnehmbare Realität ist verstellt, wenn keine Konfrontation mit dieser stattfindet.

Stabilisierung der Persönlichkeit

Das Leben fordert manche Menschen so sehr, dass sie in ihrem Dasein aus dem Gleichgewicht geraten. Dies äußert sich häufig in regelrechten Krankheitsbildern. Dann wird gesagt, jemand habe Kreislaufstörungen oder dergleichen.

Ich durfte selbst erleben, wie Leute wieder gesund wurden, nur durch Übungen zur Meditation. Der konzentrierte Blick zum eigenen Selbst bewirkt ähnliche Phänomene.

Besonders Personen die sich manchmal oder dauernd vor anderen Menschen präsentieren müssen (Künstler, Vortragsredner, Verkäufer, ...) profitieren davon.

Fähigkeiten entwickeln

Mit Hilfe von Meditation sowie Kontemplation wird der mentale Zugriff auf die eigene Zeitlinie möglich.

Verloren gegangene, verschüttete oder verloren geglaubte Fähigkeiten werden rehabilitiert.

Jedermann hat besondere Fähigkeiten, die brach liegen oder im Hier und Jetzt mehr oder weniger stark ausgeprägt sind.

Bessere Beobachtung der Umgebung

Je offener jemand für sich und seine Umgebung ist, desto intensiver ist die Person mit allem und jedem verbunden.

Über die gesteigerte Aufmerksamkeit beziehungsweise die Fähigkeit zur Beobachtung gelingt auch eine liebevollere Zuwendung zu den Dingen der Umgebung und selbstverständlich ebenso wie zu den Mitmenschen. Die unterschiedlichen Facetten des Lebens sind auf diese Art und Weise besser zu verstehen.

Dasein im Hier und Jetzt festigen

Wenn es bei Meditation sowie bei Kontemplation darum geht, im Hier und Jetzt anzukommen, so muss diese Position über die Zeit gehalten und gefestigt werden.

Beständige Übung fördert den bewussten Umgang mit der ach so flüchtigen Gegenwart und ihren Herausforderungen.

Meditation und Kontemplation sind letztendlich tatsächlich auch gut geeignet, um in der Gegenwart zu bleiben, nicht in eine undefinierbare Introversion (Innenschau) zu entgleiten.

Damit will ich die Introversion keineswegs abwerten, denn eine kurzzeitige Introversion kann durchaus hilfreich für die Entspannung sein.

Bei einer dauerhaften Introversion hingegen verliert jemand den Stand im Leben. Unser Dasein wird unrealistisch. Die so genannte „Erdung" geht verloren.

Das Wohlgefühl bei Meditation sowie Kontemplation geht für solche Menschen in einen Zustand von Unzufriedenheit über, weil die Realiät immer stärker an der Person zerrt und auf sich aufmerksam machen möchte.

Es gibt Menschen die ihren meditativen beziehungsweise kontemplativen Zustand letztlich gerne auch als Fluchtdroge nutzen, vor der, für ihre Begriffe, allzu rauen Realwelt.

Über geführte Meditation sowie Kontemplation gewinnst Du Erkenntnisse, die weit über jene der eigenen Innenschau hinausgehen. Dieses Wissen stabilisiert Dich in allen Lebenslagen, denn es ist real erfahrbares und umsetzbares Wissen.

Mit Hilfe gezielt eingesetzter, geführter Meditation sowie Kontemplation gewinnt die gegenwärtige Realität des Lebens eine völlig neue Qualität.

Ihr Gefahrenpotenzial nimmt ab und die täglichen Herausforderungen können leichter bewältigt werden.

Warum Wiedergeburt

Ich erkenne mich, speziell in diesem Leben, sowohl als Reinkarnierter als auch als Wiedergeborener. Wer fragt mich jetzt, was dabei der Unterschied ist? Manchmal wird beides gleichgesetzt und dann wiederum völlig anders gedeutet.

Worin ich die Gemeinsamkeiten und/oder Unterschiede sehe will ich hier erläutern.

Dazu nutze ich unter anderem die üblichen Definitionen aus den Wörterbüchern. Auch entnehme ich etliche Informationen aus Wikipedia, weil diese für so gut wie jedermann zugänglich und ziemlich eingängig gestaltet sind.

Manches habe ich allerdings in meinem Sinne etwas abgeändert sowie aus meiner Sichtweise heraus ergänzt.

Der Begriff **Reinkarnation** (lateinisch: Wiederfleischwerdung oder Wiederverkörperung), auch bekannt als Palingenese (altgriechisch, aus pálin: Wiederum, abermals und génesis: Erzeugung, Geburt), bezeichnet Vorstellungen der Art, dass eine Seele, vorgeblich speziell eine menschliche, oder fortbestehende mentale Prozesse (entsprechend dem Verständnis des Buddhismus) sich nach dem Tod - einer so genannten „Exkarnation" - erneut in anderen, irgendwie empfindenden Wesen manifestieren.

Vergleichbare Konzepte werden etwa auch als Metempsychose, Transmigration, Seelenwanderung oder, in Ergänzung zu meiner eigenen, nachfolgend beschriebenen Auffassung, ebenfalls als Wiedergeburt bezeichnet.

Das religiöse Glaubenserlebnis bezüglich der Reinkarnation ist ein festgeschriebener Bestandteil von Hinduismus, Buddhismus, Jainismus und Taoismus.

Als mehrmals reinkarnierter Druide des TAO entstamme ich der Kultur der Atalanter, einem Doppel-Sonnensystem innerhalb unserer Galaxis, der Milchstraße.

Dort habe ich mich eine Zeitlang körperlich befunden und wurde sowohl zum Druiden ausgebildet als auch zum Druidorix weitergeführt. Dabei ist die Bezeichnung Druidorix lediglich ein ins Erdendasein übertragener Titel für jemand, der etwas mehr kann und weiß, als die Mehrzahl der Druiden.

Es ist lediglich ein Ehrentitel und beinhaltet keine übergeordnete Sonderstellung oder gar einen hierarchischen Führungsanspruch.

Ich leitete in einer Akademie spezielle Kurse. Für meine Schüler beschäftigte ich mich mit verschiedenen kommunikativen Formen des Zusammenlebens und mit deren Anwendung.

Dies bezog unter anderem die spirituelle Sicht beim Erleben mit ein, der Kenntnis, dass wir mit allem und jedem verbunden sind. Wir kommunizieren demgemäß mit allen zur Verfügung stehenden Sinnen des Körpers und mit jeglicher, auch geistig zu nennender Wahrnehmungsfähigkeit.

Darüber hinaus vermittelte ich die Befähigung zu telepathisch geführter Kommunikation.

Leider war und ist mir in den derzeitigen Erden-Leben der Bezug dazu weitgehend verloren gegangen.

Mittlerweile versuche ich, mir dennoch auch hier wieder mehr und mehr bewusst darüber zu sein, inwieweit unsere irdische Art und Weise von Kommunikation telepathische Komponenten enthält.

Jedenfalls wusste ich schon zu jener Zeit, dass ich, über meine Zeiten auf Atalant hinaus, noch viele, viele weitere Leben davor durchlaufen hatte. Bei Zeiten meine ich mehrmalige körperliche Lebenseinheiten. Das heißt, ich wurde in wechselnden Körpern immer wieder inkarniert. Dies bis zu dem Zeitpunkt, als wir das Doppel-Sonnensystem mit einer Armada von Raumschiffen verließen.

Meine jeweilige Lebenserwartung betrug zumindest 600 Jahre, einem Zeitablauf der mit dem Zeitbegriff auf dem Planeten Erde so ziemlich identisch war.

Nach Ende eines jeden Zyklus konnte ich selbstbestimmt einen Neustart gegenüber dem Geistigen Rat „beantragen", sobald ich langsam merkte, wie mein Körper sich verbraucht anfühlte.

Dann war es entweder möglich völlig neu geboren zu werden oder in einen biologisch erwachsenen, auf den Wechsel vorbereiteten Wirtskörper überzuwechseln.

Ich habe zumeist den Wechsel zu einer vorher ausgesuchten Familie bevorzugt. Andere meiner Druiden-Freunde oder -Freundinnen zogen sich einfach ein paar Wochen zurück und kamen dann als wesentlich jüngere Einheit wieder.

So etwas ähnliches soll übrigens auch auf Erden überliefert worden sein, was ich aber noch nicht selbst gefunden habe.

Übrigens war es durchaus möglich über die Zeiten auch die Geschlechter zu wechseln. So starr, wie es hier gehandhabt wird, war unser Verständnis für die Geschlechter auf Atalant nicht.

Ob Mann oder Frau, dies spielte überhaupt keine große Rolle im gesellschaftlichen Miteinander. Alle Geschlechter hatten die gleichen Chancen und konnten die ähnlichen Aufgaben erfüllen.

Mir gefiel es allerdings schon immer, als eine männliche Erscheinungsform aufzutreten. Dabei war es mir völlig egal, ob sich meine Begleiter*innen in wechselnden Körpern wohl fühlten.

Das Sexuelle stand bei uns sowieso nie im Mittelpunkt des Erlebens. Dazu waren wir viel zu viel unserem Dasein als Geistige Wesen verpflichtet. Beziehungsweise wir widmeten uns den Aufgaben die weit über sexuelle Bedürfnisse hinausgingen.

Als Druiden des TAO war uns unzweifelhaft klar: Wir sind sowohl Bestandteile als auch lebendige Spieler in der Dynamik des „Großen Spiels", dem Spielgeschehen mit seinem Ursprung im geistigen Kosmos sowie dem „Spiel des Lebens" im physikalischen Universum.

So erfüllen wir, alle atalantischen Lebenseinheiten, niemals ausschließlich den Verlauf eines einzigen Lebens mit unserem Seinsbewusstsein. Dies entspricht einfach nicht unserer geistigen Natur.

Die Sprünge, mit denen wir uns von Körper zu Körper bewegen, sind endlich. Sie sind nur von kurzer Dauer, gegenüber unserem zeitlosen, seelischen TAO-Zustand.

Um TAO besser zu beschreiben und zu erfassen muss ich ein wenig ausholen: Besonders wir Druiden des TAO sind uns bewusst, dass wir, einzeln oder im Miteinander, ein Teil von vielen Aspekten all der Geistigen Wesenheiten sind, die dereinst das physikalische Universum erschaffen haben.

Auch sind wir, Menschliche ebenso wie Nichtmenschen, Geistige Wesen, die sich lediglich dem körperlichen Erleben zugewandt haben. Damit sind wir mehr oder weniger Gefangene, mit der scheinbaren Wichtigkeit immerfort Körper zu brauchen.

Ob jemand sich als „gefangen" wahrnimmt bleibt jedem selbst überlassen. Aber das Wissen und die Anerkenntnis um die Möglichkeit einer derartigen Gefangenschaft lässt ein Wesen bereits ein wenig über den Tellerrand hinausblicken. Damit erlangt es einen gewissen Grad an persönlicher Freiheit im Dasein.

In diesem Dasein unterliegen wir sowohl der Illusion eines Zeitgefüges als auch von räumlicher Begrenztheit.

Im Unterschied zu den meisten Lebewesen, den mehr oder minder intelligenten, gelingt es uns Druiden relativ stabil und bewusst zu sein, im Hier und Jetzt.

Mit dieser stabilisierten Bewusstheit können wir uns in Statik halten. So eröffnet sich uns ein zeitweiliger Blick hinter die dicht gewebten Kulissen des großen Spielgeschehens.

Dafür gibt es unterschiedliche Übungen, die wir über lange Zeit hinweg durchführen und mit deren wiederholbaren Ergebnissen wir alte Fähigkeiten rehabilitieren.

Statik wird demgemäß beschrieben als „Die Lehre vom Gleichgewicht". Wir bringen unseren Verstand und unsere Körper zur unbewegten Ruhe, entschleunigen dadurch weitgehend. So lassen wir geschehen, um im TAO aufzugehen.

Dieses TAO ist alles, Lebendiges und anscheinend Lebloses. Die Anschauung für Leben geht hierbei über den Bereich der Lebewesen weit hinaus. Jegliche Aspekte von TAO schwingen sich hinauf zu den Anfängen, zum Ursprung, dem Göttlichen TAO, der Quelle allen Seins. Wir Druiden begreifen uns somit als die Bindeglieder in TAO.

Diese Denk- und Handlungsweisen habe ich auch in fast allen religiösen Gemeinschaften der Erde entdeckt.

Teilweise offenbaren sie sich mir ungeschminkt, aber zum großen Teil verbergen sie sich unter einer Menge von dogmatisch wirkendem Müll, absichtlich aufgehäuft durch machtbesessene Konstrukteure.

Auch Staatsgebilde und Firmenkonstrukte, die nicht offenkundig religiös erscheinen wollen, tragen den Keim unseres Wissens in sich, das wir bei der Ankunft auf der Erde verbreitet haben.

Nun gilt es, solche Keime zu finden und zum Erblühen zu bringen, damit TAO, das Geistige sowie das Göttliche, in die Herzen und in den Verstand der Menschen einziehen kann.

Eine wichtige Wissensgewissheit, die es zu verbreiten und stabil zu erhalten gilt, ist die unumstößliche Wahrheit in Bezug auf die Reinkarnation. Die Welt würde sich gravierend verändern, wenn niemand mehr sagen dürfte: „Nach mir die Sintflut!" oder „Was geht es mich an, wenn in Zukunft … ."

Diese Zukunft ist nämlich auch dessen Zukunft, als reinkarnierter Mensch in den eigenen „Saustall", den er selbst oder in Übereinstimmung mit anderen angerichtet hat.

Was würde sich wohl ein Übeltäter überlegen, wenn er wüsste, dass sein Opfer in einem der nächsten Leben schon auf ihn wartet? Karma oder kein Karma? Egal, es würden auf jeden Fall andere Gedankengänge in Gang gesetzt, als bei völliger Gewissenlosigkeit.

Die Wissensgewissheit zur Reinkarnation bereitet ebenso einen anderen Boden für die Erziehung von Kindern. In solchen Fällen müssten nämlich die jeweiligen Erzieher unbedingt mit einbeziehen, dass die ihnen anvertrauten Menschwesen bereits mit mehr persönlichem Hintergrund wieder zur Welt gekommen sind. Deren Wissensbestandteile und deren Fähigkeiten sind wesentlich vielfältiger als bisher noch angenommen wird.

Erziehung gewinnt somit eine andere Qualität und hat demzufolge eher etwas mit (H)erziehung zu tun.

Das alte, einmal gewonnene Wissen und die unmittelbar daran anknüpfenden Befähigungen brauchen einfach nur wieder geweckt zu werden. Im Zuge solcher Kenntnisse der (h)erziehenden Mitmenschen ist zu hoffen, dass den erneut in einem Lebenszyklus Angekommenen mehr zugetraut wird und mehr Respekt gezollt wird.

Wünschenswert ist, dass ihnen vorurteilsfreier zugehört wird. Die herabwürdigenden Be- und Abwertungen, durch eine unaufgeklärte Lehrerschaft, müssen endlich ein Ende findet.

Ein Lernen das sich auf Interessen bezieht sollte in den Vordergrund gelangen. Denn solche erkennbaren und anwendbaren Interessen sind Hinweise auf frühere Realitäten, die im neuerlichen Leben nur wieder gefördert werden müssen.

Übrigens habe ich im Laufe vieler Spiritueller Rückführungen erfahren dürfen, dass das Erleben mit dem körperlichen Tode keineswegs erloschen ist. Das Geistwesen oder die Seele begleitet ihren ihm anvertrauten Körper auch über den Tod hinaus. Erst wenn ganz sicher feststeht, dass der Körper keiner Betreuung mehr bedarf, lassen die Geistigen Wesen und der begleitende Verstand los.

Um dies zu erkennen und anzuerkennen, bedarf es oft der Unterstützung durch einen erfahrenen Spirituellen Helfer.

Bei Völkern mit tiefem spirituellen Glauben übernimmt diese Aufgabe ein Schamane oder ein Medizinmann. In anderen Kulturen war es die eingeweihte Priesterschaft, die einem Verstorbenen den Weg zur Reinkarnation weisen konnte.

In der Neuzeit finden wir kaum noch einen solchen Priester, der weiß was er tut oder was er zu tun hätte. Bereits seit der Zeit der alten Ägypter band man die „toten" Geister mit Bandagen möglichst fest in ihre Körper und tat so, als würden jene im „Totenreich" noch irdische Nahrung und eine Art Dienerschaft brauchen. Sogar ihre Lieblingstiere oder Lieblingssklaven mussten den Hochwohlgeborenen in den Tod folgen.

Aus solchen Gründen begegnen mir immer wieder reinkarnierte Menschen, die erst im Laufe von Spirituellen Rückführungen ihre alten Körper loslassen durften.

Das Schlimmste bei solchen Geschichten ist, sowohl die uralten Krankheitsbilder werden in die Gegenwart mitgeschleppt als auch die Geschehnisse während der Zeremonien beim herrichten der toten Körper.

So kamen Menschen zu mir, die eine Ursache für gegenwärtige körperliche Beschwerden suchten und diese beispielsweise beim Ritual der Einbalsamierung fanden. Als ihnen dies bewusst wurde verließen sie den alten Körper und die mitgenommenen Beschwerden lösten sich auf.

Aus diesem einfachen Grunde bin ich derzeit überhaupt kein Freund von Organ-Transplantationen. Weder bin ich ein Organspender noch befürworte ich diese barbarische Vorgehensweise. Mir wurde schon viel zu viel von derartigen Aktionen mitgeteilt.

Ich bin sogar felsenfest davon überzeugt, dass das vorliegende Problem nur von Leben zu Leben verlagert wird. Denn woher kommen die organischen Leiden der Gegenwart? Mit welchen wirklichen Ursachen schlagen sich die geschädigten Menschen tatsächlich herum? Und was geschieht in den Folgeleben, sowohl mit den gutwilligen Spendern von Organen als auch mit deren Empfängern?

Ich hoffe, dass bis dahin möglichst viele Spirituelle Rückführer ihre Arbeit aufnehmen, um den Betroffenen, bis dahin Reinkarnierten, hilfreich zur Seite stehen zu können.

Jetzt gelangen wir in den Bereich, den ich gerne mit dem Begriff der **Wiedergeburt** betiteln möchte.

In diesem Lebensabschnitt erlebe ich mich als der Wiedergeborene, der sich als Spiritueller Helfer entfalten durfte.

Selbstverständlich startete ich mein derzeitiges Leben nicht als der alte Atalanter. Mir war es aber vergönnt, in einem Umfeld aufzuwachsen, in dem mir meine Eltern geistige Freiräume gestatteten. So konnte ich speziell im Verlaufe meiner Pubertät Kontakt zu Bruderschaften aufnehmen, die mir mentale Horizonte öffneten.

Mein Leben verlief keineswegs einfach und schon gar nicht linear. Etliche Auf und Ab förderten jedoch meine Entwicklung.

So erlernte ich als Werkzeugmacher einen industriell handwerklichen Beruf - zumindest war er damals noch darauf angelegt, mit den eigenen Händen und mit relativ einfachen Maschinen ein Werkstück zu erschaffen.

Als Beamter begab ich mich in die Welt der wirtschaftlichen und sozialen Beeinflussung von Bürgern. Dies war eine Art Sterben, das dringend nach einer Wiedergeburt rief. Diesen engen, normierten und normierenden Weg musste ich unbedingt wieder verlassen, um mich selbst wiederzufinden.

Nach meinem Absprung wurde ich somit wieder geboren. In einer Phase der Euphorie gründete ich einen Verlag und versuchte mich in der Erstellung eines Magazins. Diese recht kurze Zeitspanne war überaus lehrreich. Doch leider bezahlte ich als Lehrgeld einen zu hohen Preis. Mein gesamtes Vermögen ging den Bach hinunter und auch meine Familie habe ich verloren.

Eine neuerliche Wiedergeburt brachte mich auf den spirituellen Weg. Indem ich mich einer ziemlich umstrittenen Gemeinschaft anschloss wurde ich von diesen Leuten tatsächlich vor dem Tode bewahrt. Im Gegenteil, mir wurde sogar der Sprung zu mir Selbst ermöglicht. Trotz aller Widrigkeiten gelangte ich über diese Verbindung in meiner Entwicklung weiter voran. Mir wurde bewusst, mit welchem geistigen Potenzial ich eigentlich ausgestattet war.

Ich schaffte hier problemlos den Weggang. Im positiven Sinne gelangte ich an die Grenzen meines geistigen Daseins. Mir offenbarte sich meine wahre Herkunft. Darüber hinaus wuchsen mir Fähigkeiten und Fertigkeiten zu, von denen ich bislang gerade einmal zu träumen wagte.

Jetzt bin ich voraussichtlich in der Endphase meiner irdischen Wiedergeburten in diesem Leben.

Aus dieser Position heraus erkläre ich nun, wofür Wiedergeburt für mich steht: Sie ist nicht nur gleichbedeutend mit einer Wiedergeburt nach dem Tode, also einer Reinkarnation.

So ist zum Beispiel im Christentum die Wiedergeburt die von Gott bewirkte Erneuerung einer unsterblichen Seele.

Die Wiedergeburt im Buddhismus ist ein neues Entstehen des Prozesses der Existenz. In der Religionsfiktion der Buddhisten gibt es nämlich den Begriff einer Seele überhaupt nicht.

Das so genannte Islamische Erwachen bezieht sich gar auf die gesamte Religion. Wiedergeburt bedeutet Re-Islamisierung und bezeichnet das erneute Aufkeimen des Islam in der gesamten islamischen Welt. Sie begann in den 1970er Jahren und äußert sich in einer größeren Religiosität sowie einem wachsenden Einfluss der islamistischen Kulturen.

Wir sehen, die Bezeichnung Wiedergeburt lässt sich für vielerlei Erneuerungen heranziehen. Zu weit will ich aber gar nicht gehen. Deshalb bleibe ich hier im Bereich der Religiosität. Das Christentum nehme ich beispielhaft heraus, weil ich mit dessen vielfältige Art und Weise der Wiedergeburten relativ gut übereinstimmen kann:

Wiedergeburt (lateinisch: regeneratio) bezeichnet im Christentum meist einen Teilaspekt der Zueignung des Göttlichen Heilversprechens an jeden einzelnen Menschen.

Die neutestamentlichen Schriften gebrauchen diesen metaphorischen Begriff uneinheitlich. So wird die Wiedergeburt in verschiedenen theologischen Traditionen unterschiedlich bestimmt.

Einerseits steht der Begriff für die Ganzheit der Heilszueignung, andererseits wird er mit der geistigen Erneuerung des Individuums gleichgesetzt.

Besonders im Pietismus, der „frömmelnden", persönlichen Zuwendung zum Göttlichen Willen, und in der Erweckungsbewegung wird die Wiedergeburt zu einem Zentralbegriff. Sie bezeichnet das Ende des früheren, „geistlich toten" Leben und den Beginn eines neuen Lebens als Christ. Wer nicht wiedergeboren ist, der gehört nicht zur Gemeinschaft. Von diesen Personen grenzt man sich ab.

Als Erweckungsbewegungen werden Strömungen im Christentum bezeichnet, die praktische christliche Lebensweisen, „Leben in Gemeinschaft mit Gott" und „Leben in der Nachfolge Jesu", besonders betonen.

Gedanklich fußt deren Begriff der Erweckung auf dem Brief des Paulus an die Epheser 5,14: „Wach auf, der du schläfst, und steh auf von den Toten, so wird dich Christus erleuchten."

Da vorgeblich nur der wahre Glaube ins ewige Leben führe, sei die Existenz des Ungläubigen dem Tode geweiht.

Somit erscheint die Hinwendung zum Glauben als Hinwendung zum Leben, also als Erweckung vom Tode. Diese Betrachtungsweise gilt in Analogie zur Auferstehung Christi.

Nun denn, so muss also der Wiedergeburt nicht zwangsläufig ein Tod vorausgehen. Oder vielleicht doch, zumindest ein Prozess bei dem Vergangenes sterben muss und eine Erneuerung eintritt.

Genau so habe ich mich mehrmals in meinem Leben gefühlt. Genau so hat es sich abgespielt, wenn ich von einem Lebensabschnitt in einen anderen vorangeschritten bin.

Besonders gravierend erlebte ich die Erweckung, als ich mit meinem Verlag pleite ging und alles verlor, was mir bis dahin lieb und teuer war. Ich durchlebte einen geradezu tödlichen Lebensabschnitt mit einem todbringenden Prozess geistigen Sterbens.

Mein neuerliches Erwachen führte geradewegs in spirituelle Gefilde, die ich bis dahin noch nicht kennen gelernt hatte. Ich empfand mich als Phönix aus der Asche. Mir wurde eine Art Göttliche Gnade zuteil, auf die ich auch heute noch dankbar zurückblicken kann.

Aus dieser Wiedergeburt schöpfe ich die Kraft zur Bekenntnis, zu mir Selbst als Geistigem Wesen.

Im Zwischenschritt richte ich nun mein Augenmerk auf das Druidentum im Doppel-Sonnensystem Atalant. Mir ist selbstverständlich bewusst, dass ich dort lediglich eine Episode meines wesentlich längeren Daseins verbracht habe.

Doch immerhin war diese Zeitspanne prägend für mein derzeitiges Leben, für mein Erwachen in diesem Leben auf Planet Erde.

So weiß ich Hier und Jetzt: Ich bin ein reinkarnierter Druide des TAO, ein Druidorix mit den Wissensbestandteilen jener Epoche.

Deshalb kann und will ich zugleich ein wiedergeborener Spiritueller Helfer sein, um allen Menschen zur Seite zu stehen, die meiner Hilfe bedürfen. Ebenso sollen auch andere Mitmenschen erwachen und mir nachfolgen.

Keine Macht den Drogen und denen, die an Drogen verdienen.

Die Wahrheit: Drogen sind Gifte, die Vitalkräfte des Körpers aufzehren und das Denkvermögen vom Gehirn und darüber hinaus des Verstandes hinterhältig beeinträchtigen.

Sie bringen die natürlichen Zusammenhänge im Körpersystem durcheinander, die biochemischen ebenso wie die elektrischen. **Die Drogen sind Gifte, die Leben zerstören!!!**

Die Definition: Eine Droge ist jegliche innerlich genommene Substanz (auch per Rauch oder Einreibung), die benutzt wird, einen vorgeblich „verbesserten" Zustand zu erreichen beziehungsweise einen unerwünschten Zustand zu vermeiden.

In vielen primitiven Kulturen der Vergangenheit sowie der Gegenwart wurden und werden Drogen als Aufputschmittel oder zur Ruhigstellung verwendet.
Schamanen, Medizinmänner, Magier und Priester schworen auf Essenzen von Mutter Erde persönlich (wie Kräuter, Pilze oder …).
Auch die Stoffe aus dem geheimnisvollen „Garten der Alchemie" sollten tolle Wirkungen erzielen, heilende sowie spirituelle.
Die Drogen sollten den Menschen so etwas wie magische Kräfte verleihen.
Man wollte mit ihnen entweder Göttliche oder teuflische Fähigkeiten entfalten oder zumindest „böse Geister" vertreiben.

Noch heute ist die Drogengläubigkeit in der Medizin sehr weit verbreitet, wie schon zu Urzeiten. Gegen alle möglichen Krankheits-Bilder oder Krankheits-Erscheinungen, gegen alle Symptome gibt es angeblich eine Pille oder irgendein Kraut. Verschiedenste Weh-Weh-chen werden mit Drogen einfach unterdrückt.

Längst sind es einige unserer Ärzte leid, immer nur etwas materiell Wirkendes verschreiben zu sollen, damit entweder die Pharmazie oder der jeweilige Patient oder beide zufriedengestellt werden.

Frage Deinen Arzt und Du wirst erfahren, wenn er eine ehrliche Antwort für Dich hat, dass er gar nicht damit einverstanden ist, häufig nur als verlängerter Arm der Pharmazie zu fungieren.

Doch was bleibt ihm zumeist anderes übrig, wenn Patienten bereits mit ihrer Drogenerwartung zu ihm kommen und enttäuscht sind, wenn sie keine Pille, Salbe oder ähnliche "Wundermittel" mit nach Hause nehmen dürfen.

Eines muss hier aber dennoch in aller Deutlichkeit gesagt sein:

Der verantwortungsvolle, vorübergehende, korrekte und sehr gezielte Umgang mit schnell wirkenden, medizinischen Drogen ist hilfreich, nicht schädlich.

Insbesondere hier gilt die Aussage von Paracelsus:

„Die Menge macht's, ob ein Ding Gift ist."

Letztlich darf eine Maßnahme zur Heilung von Körper oder Geist niemals bei den nur körperlichen Betrachtungsweisen und Behandlungsmethoden steckenbleiben.

Vorrangig muss immer 1. das Geistige sowie schließlich 2. das Energetische in jeden Heilungsprozess einbezogen werden.

Denn es gilt seit Alters her auch dieser Satz:

„Das Geistige Wesen ist der Meister über die Materie!"

Bedenklich ist der leider weit verbreitete Missbrauch von Drogen, resultierend aus der extrem hohen Akzeptanz von verschiedenen Drogen in der Gesellschaft, als: "Helfer in jeder Lebenslage".

Die beiden Gesellschaftsdrogen Nikotin und Alkohol gelten immer noch als die Einstiegsdrogen Nummer 1 und Nummer 2 für weitere, nicht minder gefährliche Suchtmittel.

Die Pille für jeden Fall der Fälle („Omas Pille"), wie sie über Marketingaussagen verkauft wird, ist der Wegbereiter, hin zu den modernen Designer-Drogen.

Durch den Faktor „Akzeptanz" wird der Nährboden bereitet, der Menschen die Rechtfertigungen bietet, Drogen wie: Alkohol, Nikotin, Koffein, auch Haschisch und Marihuana und etliches mehr, als gesellschaftlich anerkannt, somit völlig normal anzusehen.

Wir sind nicht mehr weit davon entfernt, dass selbst Heroin wieder als etwas völlig Legales betrachtet wird.

Um 1900 war Heroin als Heilmittel allgemein anerkannt und wurde selbst den Kindern im Hustensaft verabreicht. So wie heute das nicht minder gefährliche Codein, das mit Heroin verwandt ist.

Nochmals: Jegliche Droge ist ein Giftstoff, in einer mehr oder weniger hohen Dosierung, der über die Körpersysteme auf das Denkvermögen einwirkt und Verwirrung stiftet, sowohl im Körperlichen als auch im Dasein des Verstandes.

TAO, die Person selbst, die Seele, kann allerdings von dem Drogeneinfluss nicht unmittelbar geschädigt werden.

Doch über die Wirrnis in Körper und Verstand schleichen sich falsche, überhöhte Emotionen und schräge Vorstellungen ein.

Dadurch wird die ungetrübte Einflussnahme von TAO auf diese zwei, ansonsten hochwertigen Werkzeuge empfindlich gestört.

Sobald kein hochwertiger Nutzen für TAO mehr erkennbar ist, weil die Droge extrem Überhand genommen hat, zieht sich die Seele aus dem Geschehnis des Lebens ein Stück weit zurück. TAO-Seele beobachtet dann bestenfalls den Lauf der Dinge.

Dann haben wir weitgehend „unbeseelte" Körpersysteme vor uns, die man mit Fug und Recht tatsächlich als Drogenzombies bezeichnen kann.

Es mag jetzt ziemlich hart klingen, aber: Leute sind eine echte Gefahr für die Gesellschaft, wenn sie fast ausschließlich von Drogen gesteuert werden.

Um sowohl ihnen als auch uns zu helfen, müssen sie erst einmal auf Entzug gesetzt und dann notfalls zwangsweise entgiftet werden.

Erst dann hält das Geistige Wesen, die TAO-Seele, wieder Einzug und beendet, weitgehend selbstbestimmt, das Zombie-Dasein.

Heute wissen wir es eindeutig und sollten dies unbedingt beherzigen: Ohne die unverfälschte Erfahrung eines spirituell klaren, ungetrübten Geistes gibt es keine Verbesserung in den Fähigkeiten von Menschen.

Deshalb wiederhole ich hier immerfort die Wahrheit über Drogen: Sie sind eindeutig Gifte, die jegliche Vitalkräfte des Zellstaates, des Körpersystems, angreifen oder gar aufzehren und die im Extremfalle dazu beitragen, den Verstand ins Chaos zu stürzen.

Manchmal werden verschiedene Drogen, wie Haschisch und Marihuana, sogar gezielt dafür benutzt.

Vorgeblich religiös oder spirituell wirkende Gemeinschaften vergiften damit ihre Mitglieder. Es werden dadurch Abhängigkeiten geschaffen.

Kriminelle Strukturen auf dem Planeten Erde erzeugen absichtlich ebensolche Abhängigkeiten. Sie dienen ausschließlich der finanziellen Ausbeutung.

Kriegerische Staaten mit aggressiven Armeen und ihren Geheimdiensten erzeugen mit den Drogengiften kampfeswütige Soldaten oder sie brechen damit den Kampfeswillen von Feinden.

Crystal Meth ist kristallisiertes Methamphetamin. Dieser Wirkstoff war einst Hauptbestandteil eines der populärsten Arzneimittel Deutschlands: Pervitin. In der Nazizeit war es bekannt als „Panzerschokolade". Die damit versorgten Flieger und Soldaten waren nicht nur leistungsfähiger sondern auch aggressiver als ihre Gegner.

In China tobte bis 1842 ein erbitterter Opiumkrieg, um die Einfuhr von Opium nach China. Nach der Niederlage der Qing-Dynastie wurde England der Welt größter Drogendealer.

Hüte Dich generell vor dem Gebrauch der Drogengifte. Lebensspender wie Vitamine, Enzyme oder Mineralien werden durch den Gebrauch von Drogen vernichtet.

Sowohl der Körper als auch der Verstand geraten in die Abhängigkeit von Trugbildern und Trugschlüssen.

Tatsächlich haben die meisten Drogen anfangs noch eine irgendwie angenehme Wirkung. Sie erzeugen nämlich den „Drogenkick", ein künstliches Hochgefühl.

Das dringend gemachte Bedürfnis nach jedem weiteren "Drogenkick" (dem vorgegaukelten "Hochzustand") wird stärker und stärker, je weniger Wirkung die Dosierung der Droge noch zeigt.

Höhere Dosen oder härtere Drogen müssen dann her, um überhaupt noch einen "Normalzustand" zu erreichen.

Der fortwährende Absturz ist vorprogrammiert: Der extrem tieftonige Zustand "Tod" rückt näher und näher.

Wenn jetzt jemand meint, er könne einfach so mit gewissen Drogen aufhören und er hätte damit alles wieder im Griff, der irrt gewaltig. Denn vor allem die Rückstände von chemisch synthetischen Drogen werden in kristalliner Form im Gewebe des Körpers abgelagert, hauptsächlich im Fettgewebe.

Bei jedem Gebrauch von solchen Drogen sammeln sich deren Kristalle immer mehr an.

Der Körper kann sie nicht vollständig ausscheiden. Es sind chemische und daher biologisch artfremde Substanzen.

Tatsächlich verbleibt zum Beispiel beim Heroin bis zu 25 Prozent der aufgenommenen Menge im Fett des Körpers.

Jetzt kannst Du Dir vielleicht vorstellen, was wohl geschieht, wenn eben diese Drogenrückstände plötzlich und völlig unvorbereitet, noch nach Jahren, total unkontrolliert, in den Blutkreislauf gelangen, dorthin ausgeschwemmt werden!?

Ganz recht! Sie wirken genau wie damals!

So genannte "flash-backs" (wörtlich übersetzt heißt dies: "Blitz zurück") sind bei den inzwischen „Cleanen" oder „Sauberen", ehemals Drogenabhängigen, keine Seltenheit.

Blitzartig werden dabei die Bilder aus der Vergangenheit wieder lebendig und gaukeln eine verquerte, total veränderte Wirklichkeit vor. Es erscheint eine Realität ohne Bestand.

Der „Blitz zurück" wirkt genau so, als wäre der Körper gerade jetzt mit Drogen vollgepumpt worden.

Beispielsweise beim Sport oder bei anderen körperlichen Anstrengungen, wie beim Sex, oder in Situationen mit Stress, vielleicht in der Schule oder bei der Arbeit oder beim Autofahren, werden die Drogen plötzlich wirksam.

Über die Wahrnehmung der Systeme des Körpers hinaus wird, zudem auch und gerade die eigentlich analytisch denkende, geistige Komponente des Menschen, nämlich der Verstand, von den vergiftenden Substanzen in Verwirrung gebracht, mit dem Körper zusammen heftig gebeutelt.

Hier gilt somit zweifelsfrei:

Nur ein möglichst rein gehaltener Körper ist auch in der Lage einen weitgehend klaren Verstand zu beherbergen.

Es sei hier noch einmal deutlich gemacht, mit welch bösartigem Einfluss wir es allein schon bei der gesellschaftlich noch immer akzeptierten Droge Nikotin zu tun haben: Das Nervengift Nikotin wirkt direkt auf das Gehirn einer Person ein. Es öffnet die Blut-Gehirn-Schranke und lässt somit auch andere Gifte in diese Schaltzentrale des Körpers eindringen.

Wie sehr sogar das energetische Potenzial einer Umgebung durch den von Nikotin hervorgerufenen Drogeneinfluss absinken kann, ist für jedermann leicht nachvollziehbar. Wenn jemand in einen Raum tritt, in dem noch geraucht wird oder in dem längere Zeit geraucht wurde, lässt selbst ein relativ geringer Nikotinpegel die vorhandene Luft schwer und ungenießbar erscheinen.

Die Atmosphäre ist durch die Rauchpartikel einseitig ionisiert worden. Sie ist, wie mir erklärt wurde, mit zu vielen Ionen einer Art angereichert. So wird die Luft, über unsere Sinne, als verbraucht wahrgenommen und ist tatsächlich energetisch unbrauchbar.

Die einzig wahren Wege hinaus, Wege in die Freiheit, durch die Befreiung von den Drogen, heißen eindeutig:

Gib Drogen keine Chance.
Meide den gesellschaftlichen Umgang mit Drogen.
Entferne Drogen aus Deiner Umgebung.
Sorge für Deine eigene Entgiftung.

Nur so kannst Du eine optimal koordinierte Leistung von Körper und Verstand erzielen. Denn den echten, dauerhaften "Kick" im Leben bieten niemals die verlogenen Drogen.
Das wahre Gefühl des GlücklichSein finden Menschen:

1) in individueller, kreativer Lebensgestaltung,
2) im gemeinschaftlichen, tätigen Miteinander und
3) im Erfolg beim Erreichen von Zielen.

Nur mit Zielen gestalten wir das „Große Spiel".

Unsere Ziele sind erreicht bei:

Zufriedenheit, Wohlstand, Wohlbefinden
und Harmonie.

Diese zielgerichteten Postulate sind nur dann visuell kraftvoll wirksam, wenn die klar definierte Zielvorstellung aus der Zukunft zur Gegenwart, zum Hier und Jetzt, heran gezogen wird.

Das Ziel muss praktisch als geistige Wirklichkeit
und als schon realisiert angesehen werden.

Der Aufbau des Menschen

Im Gegensatz zu den herkömmlichen Betrachtungsweisen, die nicht genau definieren und auch nicht wirklich auseinander halten, wie die Bestandteile des Menschen zu trennen sind beziehungsweise wie sie zusammen wirken, versuche ich hier aufzuzeigen wie es sich, aus der Sicht von vielen Spirituellen Maßnahmen, wohl tatsächlich verhält.

Diese mir auf unterschiedliche Arten und Weisen zugetragenen Kenntnisse sind alleine schon deswegen wichtig, damit sich niemand länger den unklaren, im Laufe der Zeit verwaschenen Definitionen aussetzen muss.

Nur die eindeutige Betrachtung oder Kennung befähigt uns Menschen, sich nicht allzu sehr auf den Körper festzulegen, um damit aus dem Sumpf des ausschließlich körperlichen Daseins entkommen zu können.

Diese Betrachtungsweisen müssen auch irgendwie logisch nachvollziehbar sein.

Vergleichen wir den Menschen einfach einmal mit einem Computer oder einer vollständig funktionsfähigen Robotereinheit:

Dessen Konstruktion, sein Aufbau, besteht immer aus Hardware und Software.

Unsere Hardware besteht, derzeit im Unterschied zum elektronisch technischen Roboter, aus einer Nervenstruktur mit den Muskeln und Sehnen und aus einem Knochengerüst.

Das Ganze ist sinnvoll zu organischen Biomassen gebettet. Unser zellular strukturierter Aufbau ist nichts anderes als die Hardware, inklusive dem dazugehörigen Gehirn.

Letztlich können wir unsere Körper als bio-energetische Kohlenstoffeinheiten sehen.

Wie wir es vom Computersystem her kennen, ist die Hardware, für sich alleine gesehen, ausgesprochen unfähig.

Sie ist weder in der Lage irgendwelche Berechnungen anzustellen, geschweige denn vernunftbegabt zu denken.

Deshalb sollten wir uns bereits hier von der Vorstellung verabschieden, dass das Gehirn jener Denkapparat sein soll, der auf irgendeine Art und Weise ausschließlich für unser Bewusstsein zuständig ist.

Zu dem, mit elektrischen Strömen gesteuerten, Biokörper gehört, genau wie zu jedem elektronischen Gerät, ein elektromagnetisches Energiefeld.

Dieses Feld umgibt jede einzelne Zelle und schließlich den ganzen Körper. Eine andere Bezeichnung dafür ist: Aura.

Das Energiepotenzial der Aura richtet sich nach der Art und Stärke der Kraft, die vom Lebenserzeuger ausgeht. Als Erzeuger des Lebens verstehe ich vorrangig uns Selbst, TAO.

Lassen wir, die TAO-Seele, in unserem Zutun nach, verliert der Körper immer mehr Energie und gilt schließlich als tot.

Unter anderem in den jeweiligen Materialien von Körpern finden wir die so genannten Erinnerungen.

Diese Speicherkapazitäten für das Erinnerte nutzen die Rat- und Hilfesuchende bei den Spirituellen Rückführungen ebenso wie bei der Spiegel-Meditation.

So speichert das System in seinem Körper-Wasser, im Mineralhaushalt sowie in den hoch bewerteten, vermutlich überbewerteten Genen und im Gehirn.

Zudem speichern all die lebendigen Einheiten auch in der Aura-Energie. Dies gilt für Pflanzen, Tiere und Menschen.

Darüber hinaus verfügen speziell wir Menschen über ein ungeheuer gigantisches Speichermedium, den energetisch konstruieren Verstand.

Die verschiedenen Bestandteile der Körperstaaten bilden insgesamt eine möglichst brauchbare, harmonische Einheit.

Jedoch auch jeder einzelne Teil, angefangen bei seinem Material, hat auch eine völlig eigenständige Funktionsweise.

So kann sogar das lebenserhaltende Material für sich allein betrachtet werden.

Das Material

So wie bei modernen Computern, Disketten und dergleichen, die Speicherung im Material Silizium erfolgt, ist es auch möglich Informationen und Daten in anderen Materialien zu speichern.

Besonders dem Element Wasser wird die Fähigkeit zur Speicherung von Daten beziehungsweise Informationen zugeschrieben.

Dr. Masaru Emoto hat mit seinen Forschungen bewirkt, dass viele Menschen das Wasser mit anderen Augen sehen.
Durch ihn wurde die Macht der Gedanken auf das Wasser bestätigt. Von ihm untersuchte Schneekristalle können sowohl Musik als auch Gefühle und Wortinhalte widerspiegeln.
Diese eisigen Abbilder zeigen einerseits wunderbare, gleichmäßig schöne Strukturen, nämlich bei klassischer Musik, angenehmen Gefühlen und liebenswürdigen Wortinhalten.
Bei so genannter moderner Musik, mit intensiv dröhnenden Bässen, vor allem bei Metal und Techno, bei tieftonig negativen Gefühlen und bösartigen Worten entstehen hingegen sehr unschöne bis hässlich deformierte Kristallbilder.

Ein erwachsener menschlicher Körper besteht im Durchschnitt zu zirka 70 Prozent aus Wasser. Der Wasseranteil verändert sich mit dem Lebensalter. Neugeborene haben einen Wasseranteil von zirka 95 Prozent.
Bedingt durch den Körperbau ist der Wasseranteil bei Frauen zirka 5 bis 10 Prozent geringer als bei Männern. Der durchschnittliche erwachsene Körper enthält etwa 43 Liter Wasser.
92 % des menschlichen Blutes besteht aus Wasser. Das Gehirn setzt sich zu 90 %, die Muskeln zu 75 %, die Leber zu 69 % und die Knochen zu 22 % aus Wasser zusammen. Ein gesunder Wasseranteil ist sehr wichtig für die Leistungsfähigkeit.

Genügend Wasser sorgt beispielsweise dafür, dass jemand aufmerksam bleibt.

Aus diesem Wissen heraus kann sich jeder selbst ganz leicht vorstellen, wie die verschiedenen Einflüsse einer Umgebung sich ständig auf den Organismus auswirken.

Dabei entstehen tatsächlich Wechselwirkungen zwischen den Tönen und Schwingungen, die nicht unbedingt zur Musik geworden sein müssen, sowie den Gefühlen und der Wortwahl von Menschen.

So kann beispielsweise eindeutig beobachtet werden, dass die Hörer der tieftonig negativ wirkenden Töne unangenehme Gefühle entwickeln, die sich schließlich sogar auch in ihrem Wortschatz widerspiegeln.

Umgekehrt bewirken wiederum böswillig geäußerte Worte auch entsprechend schlechte Gefühle, sowie Nervosität, Schlaflosigkeit und vieles mehr, sowohl bei sich selbst als auch bei anderen.

So manche Krankheitserscheinung ist auf die Schwingungen sowie auf die Töne und ebenso auf die Worte im Umfeld eines Menschen zurückzuführen.

Nicht nur menschliche Organismen scheinen auf melodische Tonfolgen positiv zu reagieren. Einige Landwirte schwören unter anderem auf klassische Musik, die sie Kühen oder Hühnern vorspielen.

Auch bei der Welt der Pflanzen, mit ihrem Wachstum und ihren Früchten, lassen sich eindeutige Reaktionen nachweisen.

Das Erinnerungsvermögen, speziell von Pflanzen, kann man mittels einem Voltmeter messen, im Milli-Volt-Bereich.

Ich vermute, dass das Wasser vordergründig dabei mitschwingt und mitspielt.

Doch auch das übrige Material von Körpern ist in der Lage Informationen zu speichern. Jegliche Materialanteile sind energetisch so aufladbar, dass damit ein Datentransfer möglich erscheint. Wie bereits erwähnt kann Silizium zur Datenspeicherung verwendet werden. Ähnlich verhält es sich mit jeglichem Material, das einen Bio-Körper ausmacht.

Die Gene

In den Genen, den Erbfaktoren oder Erbeinheiten, ebenfalls Bestandteile der Hardware, die vorgeblich ausschließlich für die Vererbung zuständig sein sollen, sind viele der besonders wichtigen Informationen niedergeschrieben.

Die Chromosomen, Erbkörperchen, sind die eigentlichen Träger der Erbanlagen, nach der derzeit herrschenden Lehrmeinung.

In jeder menschlichen Zelle befinden sich 23 Chromosomenpaare, das sind 46 einzelne Chromosomen. Auf eben den Chromosomen liegen die Gene, linear aneinandergereiht.
Grundlage dieser Gene und damit auch der Chromosomen sind die DNS-Moleküle (Desoxyribonukleinsäure).

Das Grundgerüst der DNS besteht aus zwei langen, parallel verlaufenden Ketten von abwechselnd einer Zucker- (Desoxyribose) und einer Phosphatgruppe, die über ihre gesamte Länge durch Querverbindungen zusammengehalten werden und zusätzlich spiralig aufgewunden sind (Doppelhelix).

Eine gute Veranschaulichung hierfür bietet das Bild einer spiraligen, um eine Säule herum gelegten Strickleiter (Watson-Crick-Modell).
Nach diesem Watson-Crick-Modell werden die beiden Längsholme der Strickleiter von den Zucker- und Phosphatgruppen gebildet.
Die Holme werden jeweils durch Sprossen zusammengehalten, die von je zwei Nukleinbasen gebildet werden.
Sie sind entsprechend in einer Wasserstoffbrücke miteinander verbunden.

Insgesamt kommen nur vier verschiedene Basen vor: Cytosin, Guanin, Thymin und Adenin.
Für den Bau einer Sprosse bilden Cytosin und Guanin oder Adenin und Thymin jeweils ein Paar.

Es gibt also immer nur zwei verschieden mögliche Kombinationen.

Wichtig ist jedoch die Reihenfolge der vier Basen entlang eines Holms: Während die Nukleinbasen als "Buchstaben des genetischen Codes" bezeichnet werden können, bestimmt ihre Abfolge den Aufbau der Proteine.
Damit wirkt sich dies auf die Eigenschaften der Zelle und des Organismus aus. Die DNS soll der eigentliche Träger der Erbinformation sein.

Hingegen erfüllt die Ribonukleinsäure (RNS) drei Hauptaufgaben bei der Übersetzung und bei der Ausführung der "Vorschriften" der Erbsubstanz:

      1. als Strukturelement der Ribosomen
      2. als Kopie der DNS
      3. als Vehikel für die Aminosäuren,
         die zu den Ribosomen gebracht werden.

Der Aufbau der RNS entspricht also weitgehend dem der DNS. Allerdings besitzt die RNS statt der Nukleinbase Thymin das Uracil. Als Zuckerbestandteil besitzt sie nicht Desoxyribose sondern Ribose.

Auch hier werden somit materielle Bestandteile benutzt, um Informationen zu speichern und halbwegs festzuschreiben.
Wie neuerdings erkannt wurde, lässt sich dieser Informationsgehalt nämlich relativ schnell umschreiben. Dafür gibt es sowohl körperliche als auch geistige Methoden.

Beispielsweise kann einfach durch sportliches Training eine ziemlich schnelle Veränderung der DNS erreicht werden.
Auch der Genuss von Kaffee löst Genblockaden in den Muskelzellen. Vermutlich kann jede Droge die Genstruktur verändern.
All dies hat aber nur einen andauernden Effekt, wenn regelmäßig trainiert oder Kaffee getrunken wird. Sobald dies eingestellt wird, lässt der Erfolg nach.

"Unsere Ergebnisse liefert nun Belege dafür, dass diese Muster im Genom weitaus veränderlicher sind als bisher angenommen", schreiben Romain Barrés und seine Kollegen von der Universität Kopenhagen.

Kann man seine Gene durch die reine Kraft der Konzentration aktivieren? Ja, sagen Forscher!

Denn jeder Gedanke, den wir denken, durchdringt das Kommunikationssystem des Körpers. Er schaltet Gene an und ab und löst damit Stress- oder Heilungsreaktionen aus.

Dieses Wissen eröffnet völlig neue Aussichten auf Möglichkeiten der Selbstheilung – auch durch Spirituelle Rückführungen und durch die Spiegel-Meditation.

Ob DNS und RNS tatsächlich die entscheidenden Speichereinheiten im Aufbau des Menschen sind, wage ich an dieser Stelle einfach einmal zu bezweifeln.

Das Energiefeld

Daten und Informationen die in der Energiestruktur von Körpern gespeichert sind, sind auf mancherlei Weise erkennbar.

Dafür besonders sensible Menschen sehen Farben und Farbspiele in den Auren von Lebewesen.

Dabei ist die Aura des Körpersystems lediglich die zusammengefasste Ausstrahlung vieler kleinerer Auren, die schließlich über den Gesamtorganismus wahrnehmbar sind.

Schließlich besitzt jede noch so kleine Einheit im Körperstaat ein eigenes Energiefeld, jedes Organ, jede Zelle, jedes am Leben beteiligte Bakterium.

Die im Zusammenspiel befindlichen Teile des Ganzen zeigen auf, ob und wie weit Körper harmonisch funktionieren, ob sie also gesund oder krank sind.

Energiefelder können geradezu löcherig, demnach teilweise geschwächt sein. Im Idealfall sind sie vollständig heil.

In den sichtbar werdenden Auren wirken unterschiedliche, verschiedenfarbige Erscheinungen, wie von Aurasehern gesagt wird.

Da allerdings nicht jeder Mensch für das Aurasehen begabt ist, nicht jeder fähig ist eine Aura wahrzunehmen, suchten die Russen Semyon und Valentina Kirlian nach einer objektiveren Methode.
Es gelang ihnen, diese Felder, wie sie von lebenden Organismen abgestrahlt werden, zu fotografieren.

Mit dieser, nach ihnen benannten, Kirlian-Fotografie fanden sie heraus, dass Krankheitserscheinungen vorhergesagt oder schon im Vorfeld entdeckt werden können. Und zwar über die Beobachtung von Veränderungen in den Lebensfeldern.
Das galt zuerst bei physischen Krankheitsbildern und dann offenbar sogar bei psychischen Fehlfunktionen.
Auch ohne irgendeine gleichzeitig auftretende, organisch nachweisbare Störung beeinflussen unsere Gedankengänge diese Art Lebensfelder gleichfalls.

Jeglicher Gedankenimpuls ist schließlich energetisch und hinterlässt Spuren, die dann sogar fotografisch erfasst werden können.

Der aurische Energiekörper ist außerordentlich empfänglich für unterschiedliche Schwingungen. Er reagiert sensibel auf alles in unserer Umgebung. Er erkennt ohne unser Zutun, was ihm Energie gibt oder diese raubt oder rauben könnte.
Zum Beispiel registriert er schlechte, wertlose Nahrung. Dabei handelt es sich unter anderem zum Beispiel um Produkte mit Weißmehl und weißem Zucker und mit raffiniertem Salz.
Auch synthetisch hergestellte Nahrungs- und Genussmittel (eigentlich alles nur Füllmittel) wie gefärbte, aromaverstärkte, konservierte, entfettete, emulgierte, homogenisierte, geschwefelte und solche mit Süßstoffen, mit Stabilisatoren oder Geschmacksverstärkern oder Ähnlichem versehene, beeinträchtigen das aufmerksame Feld der Energie.
Künstlich in Form gebracht, kommen diese Mittel auf den Markt, teilweise sogar genmanipuliert.

Ähnlich negativ, wie auf die gekünstelten Füllstoffprodukte, die uns viel zu oft als Nahrung verkauft werden, reagieren die Energiekörper auf energiegeschädigte Umgebungen, also auf Wohn- und Lebensbedingungen.

Unsere materiell konstruierten Körpereinheiten ziehen entsprechend nach. Jedoch leiden sie dann bereits unter schwerwiegenden Beeinträchtigungen, in Form von so genannten Krankheiten, Krankheitserscheinungen und Krankheitsbildern.

Was die Chinesen schon lange wussten: Gerade Flure, wie in den Ämtern, Schulen und Krankenhäusern, wirken energetisch negativ und ermüdend. Dies gilt auch für ebensolche Straßen.

Bei Bach- und Flussläufen beginnt man mittlerweile wieder, die zuvor künstlich hergestellten Begradigungen nun künstlich zu krümmen, zu mäandern.

Chinesische Mönche sowie keltische Druiden, auch Schamanen und Medizinmänner (natürlich auch Frauen) und andere Heiler/innen der unterschiedlichen Kulturkreise dieses Planeten, entwickelten schon vor Jahrtausenden anwendbare Übungen sowie Massage-Techniken zur Stärkung der Lebenskraft.

Etliche der im Energiefeld gespeicherten Informationen, die zur Entstehung sowie zur Aufrechterhaltung von Krankheitsbildern oder Krankheitserscheinungen führen, können so entladen werden.

Dabei wird die Selbstheilung angeregt und gefördert. Die so in Gang gesetzte Heilwirkung entsteht entweder indem das Energiefeld des Körpersystems eines Geschädigten von dem Heiler positiv beeinflusst und gestärkt wird oder indem die krankmachenden Daten von dem Menschen selbst entfernt oder umgeschrieben werden.

Selbst Medikamente gelangen erst mit der Unterstützung durch solche Praktiken zu Krankheitsherden und können dort dann gezielt ihre unterstützende Wirkung entfalten.

Sogar Nebenwirkungen fallen dann nicht mehr an, wenn die gezielten Methoden hilfreich ineinander greifen.

Der von Krankheit befallene Mensch kann sich so im Zuge seiner Selbstermächtigung selbst heilen.

Im Falle der Stärkung des Energiefeldes, wird dem kranken Organismus zur Unterstützung zusätzliche Lebenskraft gegeben oder es wird ein energetischer Ausgleich herbeigeführt.

Dadurch entsteht eine Situation, in der ein Mensch sein Energiefeld von Stauungen und Blockaden befreit.

Die Energien fließen wieder ungehindert, sowohl durch den Körper hindurch als auch um ihn herum.

Speziell bei chinesischen Heilmethoden spricht man von Meridianen, Energiebahnen die sich beim Körper befinden sollen.

Energie fließt allerdings nicht nur über Bahnen im Inneren von Körpern. Energien fließen auch um Körper herum, angeblich ebenfalls über Bahnen. Sie speisen jedenfalls das Energiefeld, die Aura, wie Flüsse einen See.

Alte chinesischen Techniken, wie die Anma-Massage, die Akupressur mit Klopftechniken, wirken durch Berührung, durch leichten Druck oder durch Klopfen, mit den Fingern oder mit den Händen.

Blockaden und Barrieren im Energiekörper werden beseitigt, auf sanfte Art geöffnet. Danach beginnt die Energie wieder zu fließen, mitsamt dem negativ wirkenden Informationsgehalt.

Der angeregte Fluss reißt auch das gestaute Schlackenmaterial des materiellen Körpersystems mit sich fort.

Durch vermehrtes Trinken wird der Abfall dann ausgeschieden. Nährstoffe und Aufbaustoffe versorgen nach der Harmonisierung, also dem Ausgleich des Energiefeldes, wieder gezielt den Zellstaat des erkrankten Organismus.

Im Falle der Entfernung von Daten oder von dessen Umschreibung kann tatsächlich jedermann manche Anwendungen oder Praktiken selbst erfolgreich ausführen.

Beispielsweise können einfach durch konsequente Aufschreibungen die Verhältnisse beim Körper oder im Umfeld eines Menschen erleichtert werden.

Tagebuchaufzeichnungen können außerordentlich hilfreich sein. Sogar die Lösungsansätze werden allein schon dadurch bewusst gemacht.

Lösungen gelangen in diesem Zusammenhang an die Oberfläche einer weitgehend analytischen Denkweise.

Dies allein, indem jemand erst einmal die Problematik konkret in Worte fasst und diese vollständig niederschreibt.

Ich bin überzeugt, dass auch mancherlei Krankheitserscheinungen auf diese Art und Weise von der Person selbst behoben werden können.

Bei tiefer sitzenden Schwierigkeiten bedarf es eines Helfers, der die Fähigkeit und das entsprechende Wissen darüber besitzt. Er hilft dabei die festgefahrenen Daten und Informationen zu lösen.

Der jeweilige Rat- und Hilfesuchende kann dann die Datensätze selbst regelrecht umprogrammieren oder ganz ausschalten.

Was ihm/ihr bewusst wird, vollständig ins Bewusstsein gelangt, dafür findet er/sie auch Lösungsmöglichkeiten.

Die Informationen des Energiefeldes haben vorrangig eine Art Wächterfunktion für alle Teile des Körpers.

Diese speichernden Energiemedien können aber auch schwerwiegende Krankheitsbilder in sich tragen, deren „Ausbruch" nur eines kleinen Anstoßes bedarf.

So ein Anstoß wird dann als Restimulation (erneute Stimulation = Aktivierung) bezeichnet.

Lediglich die vollständig bewusst machenden Herangehensweisen schwächen die Auswirkungen von Restimulationen ab, sie greifen dann nicht mehr.

Der Verstand

In unserem Verstand sind weitaus mehr und vor allem detailiertere, genauere Informationen gespeichert, als in all den vorangegangenen Speichermedien - er nutzt sogar die anderen Medien, zusätzlich zu seiner eigenen Befähigung. Er ist in der Lage jegliche wahrzunehmende Kleinigkeit im Umfeld des Lebens aufzuzeichnen und im eigenen energetischen Speicher abzulegen.

Sehen, hören, schmecken, riechen, fühlen, diese und alle weiteren, erdenklichen Wahrnehmungen sind im Verstand dauerhaft gespeichert - über den Tod hinaus.

Die entscheidende Frage ist bei unserer Betrachtung allerdings: Was ist dieser Verstand eigentlich?
Eines ist ganz sicher: Der Verstand ist nicht das Gehirn! Denn das Gehirn ist lediglich ein Teil der Hardware, ein Teil des Körpers.

Vergleichen wir dies mit dem Aufbau eines herkömmlichen Computers, so sehen wir das Gehirn als eine Art Empfangsgerät, eine hochwertige, hochsensible Tastatur mit der unser Verstand spielt und damit Zugriff auf den restlichen Organismus bekommt.
Aus dieser Betrachtungsweise heraus ist der Verstand nicht nur, nicht immer, nicht überwiegend oder überhaupt nicht ausschließlich innerhalb des Körpers.

Was ich jetzt behaupte kann besonders jemand nachvollziehen, der es zum Beispiel per Spiritueller Rückführungen geschafft hat auf seiner eigenen, vom Verstand so dargestellten Zeitlinie zu reisen.
Die Spirituellen Rückführungen verhelfen dazu, durch bewusstes Erleben, selbst in die eigene Vergangenheit zu schauen.
Dabei ist die rat- und hilfesuchende Person, die TAO-Seele, nach einer gewissen Zeit, auch in der Lage, in die Aufzeichnungen des eigenen Verstandes, mehr oder minder von außen, hinein zu schauen und damit seine Funktionsweise zu erkennen.
<u>Die Person findet dort</u>: Der analytisch arbeitende Verstand ist ein energetisches Konstrukt, zur Durchführung von Aktionen im physikalischen Universum.
Er ist ein weitgehend selbständiger Denker. Er arbeitet in Bildern voller Emotionen und Dynamik. Und: Er braucht Zeit zum Denken.

<u>Ich kann hinzufügen</u>, aus meiner eigenen Erfahrung oder aus der mit anderen: Nicht jeder Verstand arbeitet auf die absolut gleiche Art und Weise.
Einige dieser Konstrukte funktionieren ohne allzu lange Verzögerungen, andere brauchen länger, um zum Punkt zu kommen.

Jedoch berechnen alle, werten gesammelte Daten aus und versuchen, wenn es nötig erscheint, ihre getroffenen Entscheidungen auch zu rechtfertigen.

Die vielfältigen Berechnungen führen so manches Mal, öfter als uns lieb ist, zu unkontrollierten sowie unkontrollierbaren Problemstellungen, die das Menschlein beziehungsweise sein Verstand nicht allein zu einer brauchbaren Lösung bringen kann.

Also bleiben Menschen dann, ohne Hilfe von außen, im Prozess einer Entscheidung stecken. Fremdeinwirkungen führen sogar nicht selten zu Sturheit und Intoleranz und zu einem seltsamen Verhalten des Denkapparates.

Seine Art zu Denken stellt sich dadurch, als wenig intelligent bis völlig unlogisch dar. Dies kann jedoch auch durch das automatische Denken des Gehirns beeinflusst sein.

Fremde, negativ geführte Einwirkungen können durch körperliche oder geistige Gewalt geschehen. Ebenso wirken auch Einflüsse von Drogen und Narkose oder Hypnose. Sie führen zu einem nichtbewussten Zustand mit einem vorläufigen Datenverlust oder einem Datenmangel. Erst wird das Gehirn in Mitleidenschaft gezogen und schließlich erhält der Verstand fehlerhafte Informationen.

Auch felsenfest gefügte Dogmen und zementierte Vorurteile zählen dazu. Sie wirken wie Suggestionen, denen zuerst das Gehirn unterliegt.

Noch überwältigender wirken eine enttäuschendes Hilfsangebot oder zu hektischer Aktionismus. Dies ereignet sich vor allem im Zusammenhang mit Unfällen. Die dabei einsetzende Bewusstlosigkeit lässt verrückt machende Daten zu.

Bei einem Schock oder in einem Komazustand geschieht etwas ähnliches. Die Realität wird ausgeblendet. Der Mensch fällt teilweise sogar in das Drama eines früheren Lebens hinein.

Oftmals spricht man von Blockaden, Ablenkungen oder von Verwirrungen beim Verstand. Dies ist im Wesentlichen dem Gehirn zuzuschreiben und beruht im Nachgang auf falsch dargestellten, absichtlich fehlgeleiteten oder mangelnden oder auf selbst oder von anderen abgewerteten Datensätzen.

Übrigens: Solch ein Verstandeskonstrukt ist nicht nur beim Menschen feststellbar.

Auch Pflanzen und Tiere verfügen über ein ähnliches, energetisches Konstrukt, jedoch nicht so individuell sondern häufig kollektiv angelegt.

Dies ist im Großen und Ganzen die Verbindung zur übergeordneten, planetaren und darüber hinaus universalen Akasha-Chronik.

In ihr sind alle, wirklich alle Daten gespeichert, die seit dem Anbeginn der Gestaltung des Spielfeldes, genannt physikalisches Universum, entstanden sind.

Per Spiritueller Rückführungen sowie mit der Spiegel-Meditation sind tatsächlich bedingte Zugriffe auf die Wissensinhalte der Akasha-Chronik möglich.

Wie bereits erwähnt, ist der Sitz des energetisch konstruierten Verstandes nicht nur im jeweiligen Körper sondern oftmals hauptsächlich um den Körper herum, wenn nicht sogar in einer ziemlichen Entfernung davon.

Beispielsweise befindet sich eine irgendwie geartete, geistige "Leinwand" für verschiedene Vorstellungen des Verstandes, vorgestellte Bilder und ganze Filme, bei jedem in unterschiedlicher, tatsächlicher Entfernung.

Dies lässt sich leicht feststellen, wenn man:

      1) Einfach die Augen schließt,
      2) sich ein geistiges Bild macht
         (zum Beispiel: Rosarotes Nilpferd),
      3) mit einem Zeigefinger darauf deutet,
      4) den Finger dort lässt und dann
      5) die Augen öffnet.

Der nun deutende Zeigefinger gibt so die Position der persönlichen, geistigen "Leinwand" an.

Dass der Verstand ein energetisches Konstrukt und nicht das Gehirn ist, können besonders Menschen bezeugen, denen es bereits gelungen ist, speziell per Spiritueller Rückführungen, einen oder mehrere Tode bewusst mitzuerleben.

Die vollständigen Aufzeichnungen eines jeden Verstandes werden nämlich, über den jeweils körperlichen Tod hinaus, auch in körperlich erlebbare Folge-, Folge-, Folgeleben mitgenommen.

Sie wirken sich dabei unmittelbar auf diese nachfolgenden Leben aus, wenn sich suggestiv dramatische sowie dramatisierte, nichtbewusste Kreisläufe (Circuite) in einem Verstand eingenistet haben und hauptsächlich nichtbewusst, weiterhin dramatisiert werden.

Die Existenz dieser schwerwiegenden Kreisläufe findet sich sogar in deutschen Sprichwörtern und Volksweisheiten bestätigt.

Beispielsweise: "Im Teufelskreis feststecken" oder "Der Hund (die Katze oder die Schlange) beißt sich in den eigenen Schwanz".

Um sich solchen kreiselnden, ständigen Wiederholungen, in der Art und Weise von Suggestionen, entziehen zu können, müssen sie jemandem zuerst einmal bewusst werden.

Erst dann kann der Verstand versuchen die Zusammenhänge analytisch zu erfassen, um das entstandene Problem zu lösen und schließlich gegen diese eingefahrenen Strömungen zu steuern. Nur durch Bewusstwerdung kann jemand den Kreislauf verlassen.

In dem mehr oder weniger perfekten Zusammenspiel all der unterschiedlichen, physischen Speichermedien gestehe ich der Sonderstellung des energetischen Verstandes eine herausragende Führungsposition zu.

Er kann als einziges dieser Instrumente Daten nicht nur speichern, sondern sie auch auswerten.

Er kann ihnen eine unterschiedliche Wichtigkeit beimessen und Berechnungen anstellen.

Zudem erzeugt er ständig Spielsituationen in der Art und Weise von Problemdarstellungen, um bei Gelegenheit auch eine oder mehrere Lösungen dafür zu finden.

Leider wird aus dem geistig erzeugten Eindrucksbild heraus, immer wieder einmal eine physische Manifestation, mit der wir uns sodann im realen Dasein herumschlagen müssen.

Das Konstrukt Verstand hat zudem nicht immer perfekte Lösungen für derartige Problematiken, weil ihm oftmals Daten fehlen, die in früheren Geschehnissen im Nichtbewussten verschüttet und per Dramatik abgesperrt wurden, als überwältigend heftige Emotionsladungen mit Angst, Schmerz, Wut, … .

Die Fähigkeit des Verstandes bezeichnen wir gemeinhin als Denken. Zu dieser seiner Denkfähigkeit, besonders zur Auswertung von Daten, zieht der Verstand alle verfügbaren Register. Er holt sich Informationen heran, analysiert diese und zieht seine Schlüsse.

Das Denken des Verstandes ist eine höherwertigere Maßnahme zur Erhaltung des Lebens im allgemeinen.

Sein Denkschema geht weit über das automatische Denkvermögen des Gehirns sowie über die sowohl beim Menschen als auch bei anderen Lebensformen durchaus üblichen Reiz-Reflex-Reaktions-Mechanismen hinaus. Es kann diese sogar übergehen.

Bei den niederen Lebensformen beherrscht allein dieser Reiz-Reflex-Reaktions-Mechanismus, als Sicherheitssystem, alle nach Möglichkeit schnellen und emotional gestalteten Lebensabläufe:

Bei **Hunger** wird gefressen. Der **Schmerz** reguliert den Abstand zu verletzenden Gefahren. Die **Angst** sorgt für Respekt vor den Stärkeren und vor Naturkräften. Die **Apathie** ist ein sich Totstellen gegenüber überlegenen Feinden.

Als nichtbewusster Anteil ist der Reiz-Reflex-Reaktions-Mechanismus auch beim Menschen, bei jedem Menschen immer noch vorhanden, im Zusammenhang mit der Funktionsweise des Gehirns und parallel zum Verstand.

Setzt dieser Mechanismus urplötzlich ein, so spinnt sich Verwirrung ins System. Besonders, wenn die Reaktion für den Verstand offensichtlich unangemessen erscheint.

Als Folge verliert erst der Verstand und dann sogar TAO, „die Person selbst", vorübergehend oder dauerhaft die Kontrolle.

Das menschlich körperliche System reagiert dann ohne Vernunft auf etwas, das mit dem Gegenwärtigen nichts zu tun hat.

Dieses Etwas ist eine Restimulation von Datenmaterial, das vom System in Situationen mit völliger oder teilweiser Bewusstlosigkeit, in die Bestandteilen seiner Speicher aufgenommen wurde.

Diese so vorhandenen Eindrücke, in Worten, Bildern und Emotionen, sind dann dafür verantwortlich, dass etliche Leute im gegenwärtig modernen Dasein geistige Barrieren, Depressionen, Ängste und psychosomatische Erscheinungen haben, die sie im Leben mehr oder weniger stark beeinträchtigen.

Mit der Erfahrung aus Spirituellen Rückführungen kann ich sagen: Die Reaktion hat gewöhnlich uralte Ursachen.

Sie gehört in ihrer Ausprägung nicht in diese, zumeist weitaus weniger gefährliche Umgebung.

Der Reiz-Reflex-Reaktions-Mechanismus beruht nämlich auf den gespeicherten Daten alter Informationen von Gefahr und den damit verbundenen, dramatischen Emotionen.

Diese gefahrbetonten Informationen brannten sich suggestiv tief in eines oder in mehrere der Speichermedien ein und wurden durch den Speicherinhalt des Verstandes in dieses Leben übernommen.

Häufig sind diese Situationen mit herabgesetztem Bewusstsein verbunden bis hin zum Nicht-Bewussten, einem körperlichen Tod.

Es ist daher ungeheuer wichtig, dass bei Leuten die starken Schmerz empfinden oder die durch eine schwere Krankheitserscheinung nicht ganz bei Bewusstsein sind und schon gar, wenn sie durch Unfall, Narkose oder Hypnose ganz bewusstlos wurden, <u>nichts, absolut nichts gesprochen wird</u>!!!

Jedes noch so harmlos erscheinende Wort wirkt in solchen Situationen wie eine unterschwellig beeinflussende Suggestion.

Sowohl die Aufzeichnungen des hochbegabten Verstandes als auch die kaum kontrollierbaren Inhalte des Reiz-Reflex-Reaktions-Mechanismus, gehen zurück bis vor die Geburt.

Hier spreche ich noch nicht einmal von früheren Leben. Auch jene nichtbewussten Aufzeichnungen, die ein noch ungeborenes Lebewesen im Mutterleib empfängt, können intensiv prägend für das künftige Leben sein.

Wesenheiten mit einem ungetrübt funktionstüchtigen, analytischen Verstand setzen sich zeitweilig über die unterschwelligen Reize und die dazu gehörenden Emotionen hinweg, stellen diese in Frage und erfinden Hilfsmittel, um Kontrolle darüber zu erlangen.
Besonders die begabten und vernünftigen Menschen versuchen permanent die primitiven Reize auszuschalten, sie zu unterdrücken oder ganz aufzuheben.

Allerdings sind deren Aktionen, vorrangig vom Verstand erschaffen, nicht immer die glücklichsten, wenn es um den Erhalt des natürlichen Gleichgewichtes geht.
Oft ist es dabei so, dass die in Anwendung gebrachte Datenmenge, das nötige Wissen, einfach noch nicht vollständig ist, während bereits gehandelt wird.
Dieser vorschnelle, geradezu blinde Aktionismus hat dann wieder eine gewisse Ähnlichkeit mit dem urtümlichen Überbleibsel, des Mechanismus zur arterhaltenden Reaktivität, der ursprünglich ganz natürlich auf Schnelligkeit programmiert wurde.

Mittels Rationalisierung erschafft sich der schlaue Verstand von Menschen vorgetäuschte Ausweichmöglichkeiten, nur um nicht zugeben zu müssen, dass er doch nicht der Meister über alle körperlichen und geistigen Funktionen ist.
Diese Rationalisierung zeigt sich besonders dann deutlich, wenn Suchtverhalten entschuldigt werden soll, wie beim Rauchen, Trinken und bei härteren Drogen.

Aufgrund solcher Ausweichmanöver durch die Rationalisierungen und weil der alte, urtümliche Reiz-Reflex-Reaktions-Mechanismus bei vielen Leuten einfach viel zu häufig durchschlug, ist der Verstand in früheren Kulturen und bei gewissen philosophischen Denkweisen in Verruf gekommen.

Ihm wurde nachgesagt, dass er Menschen in die Irre leitet. Seine Funktion wurde damals und wird noch heute in Frage gestellt.

Darunter leidet mittlerweile sogar die Betrachtung zu TAO, denn heute wird die Seele als mehr oder minder zufälliges Anhängsel beim Menschen betrachtet und häufig absichtlich dem Verstand oder sogar schon dem Gehirn untergeordnet.

Weil sich dieser, unser Verstand anscheinend doch nicht vollständig über all die anderen Einflussfaktoren aus dem Körper hinwegsetzen kann, stellen sich mir die Fragen:
„Von wem wurde der Verstand erstellt?", „Zu welchem Zweck?" oder „Wurde das gesamte energetische Konstrukt etwa absichtlich fehlerhaft konstruiert?"
Anstelle einer möglichen Antwort drängt sich mir eine weitere Fragestellung auf: „Kann es sein, dass wir hier nur <u>einen weiteren Spielfaktor</u> vorfinden?"

So wie wir uns einst das weitgehende „Vergessen" auferlegt haben, nur um das „Große Spiel" interessanter zu gestalten, kann es doch durchaus auch sein, dass von Geistigen Wesenheiten weitere Unwägbarkeiten eingewebt wurden.

Alleine schon die Diskrepanz im Führungsanspruch zwischen dem Gehirn, dem Herzen und/oder dem Bauch, alle sind unserem Körpersystem zuzurechnen, und schließlich dem Verstand, einem vom Körper weitgehend unabhängigen, energetischen Konstrukt, ist wohl kein Zufall.

Das Gehirn, besonders das Großhirn mit der Großhirnrinde und seinen direkten Verbindungen zu den Nervenbahnen, ist als Führungsinstanz relativ jung.

Das Hirn scheint aber tatsächlich, entgegen den anscheinend eher emotionalen Widersachern Herz und Bauch, mit einer gewissen Denkfähigkeit ausgestattet zu sein. Was, trotz vielerlei, schlauer Untersuchungen, noch immer zu beweisen wäre.

Immerhin kann den ältesten Anspruch auf Führung, über allerlei Systeme des Körpers, der Bauch für sich geltend machen.

Wobei sein eher weicher Zustand den Schluss zulässt, dass seine urtümliche Entstehungsgeschichte bis auf den Aufenthalt von quallenartigen Lebewesen in den Urmeeren zurückgeht, irdischen sowie nichtirdischen.

Dem Herzen können wir zeitgeschichtlich offenbar eine etwas spätere Entstehung zuschreiben. Dessen Kraft und mitfühlende Art weise ich gerne den frühen Dinosauriern zu.

Immerhin waren dies Lebensformen, die auch heute noch als besonders dominant gelten. Eine sehr lange Zeitspanne waren sie bestimmend, über alles Leben auf Erden.

Bei diesen Wesen vermute ich, aus der Sicht von vielen Spirituellen Rückführungen, ein besonders enges Gefühl von gegenseitiger Verbundenheit. Dadurch hat sich ihr Überlebensniveau ausgezeichnet harmonisiert und stabilisiert.

Aus heutiger Sicht würden wir deren Miteinander sowie ihr Gegeneinander, vielleicht als ausgeglichen bezeichnen.

Starken Herzen wird ein ebensolches, harmonisch wirkendes Gefühl der Zusammengehörigkeit zugerechnet.

Leo Tolstoi scheint dies zu bestätigen, wenn er äußert:

„Im Herzen eines Menschen ruht der Anfang und das Ende aller Dinge.“

Johann Wolfgang von Goethe meint in diesem Thema:

„Welch eine himmlische Empfindung ist es, seinem Herzen zu folgen.“

Bitte verwechselt meine Darlegungen nicht mit den im Menschen physisch entstandenen Bestandteilen.

Hiermit ist fast ausschließlich die als energetisch wahrnehmbare Qualität von Bauch und Herz gemeint. Auch eine spirituelle Art und Weise kann dort andocken.

Wir mentalen Helfer müssen uns im klaren darüber sein, dass sowohl das Bauchgefühl als auch die Emotion des Herzens, nur im übertragenen Sinne selbstbestimmte Einheiten darstellen.

Dennoch sind deren machtvollen Eindrucksbilder auf die jeweiligen Menschen nicht zu unterschätzen. Immerhin haben sehr viele Wesenheiten mit diesen Kräften übereingestimmt.

Genau diese Übereinstimmung ist es, die aus der Wirklichkeit in einem geistigen Kosmos eine physikalische Realität im Universum werden lässt.

Lasst uns an dieser Stelle die Kraft der Übereinstimmung genauer betrachten: Sobald wir Geistigen Wesen mit irgendeinen Faktor, einer Emotion oder einem Eindrucksbild oder ..., übereingestimmt haben, ist der Weg zur Realisation nicht mehr weit.

Die Wirklichkeit im geistigen Kosmos wird zur Realität im physikalischen Universum, sobald Du, das TAO-Selbst, es intensiv genug beabsichtigst. Wenn jetzt zudem noch immer mehr andere Geistige Wesenheiten mit Deiner Absicht übereinstimmen, gelingt die Umsetzung umso leichter und schneller.

Auf diese Art und Weise haben sich viele, viele TAO-Seelen Himmel und Hölle sowie die darin wohnenden Engelsgestalten oder hausenden Dämonen erschaffen.

Im Umkehrschluss heißt dies, sobald und solange wir dem Teufel mit seinen Dämonen anhängen, wird es sie geben. Sie erhalten ihre Macht von der Aufmerksamkeit, die wir ihnen zugestehen.

Auf der anderen Seite stärken wir Gott und seine Engel in gleicher Art und Weise. Das Göttliche ist nämlich nur so machtvoll, wie unser Zutun zu seiner Wirksamkeit.

Ebenso verhält es sich mit den Bestandteilen unseres Körpers. Auch hier gelingt der gemeinsame Aufschwung zu einem höheren Selbst nur, wenn möglichst viele von uns damit übereinstimmen, dass wir als Geistige Wesen dem körperlichen Dasein tatsächlich überlegen sind. Die Freiheit im Geistigen müssen wir uns zurückerobern, indem wir den Verehrern von Körpern entgegen wirken.

Die Person Selbst
Ich bin TAO
„Ich Bin" die Person Selbst.

Über den energetischen Verstand und das biochemische Körpersystem sowie über den gesamten Aufbau des Menschen hinaus gibt es noch ein Weiteres.

Es nutzt die physikalischen Komponenten, um im Universum tätig zu werden. Ein „Bestandteil" der allerdings keiner ist, weil er vom Ursprung her nicht einmal zum universalen Aufbau zählt. Es ist: TAO, die Seele, das „Ich Bin", die Person Selbst.

Zuerst einmal versuche ich euch, liebe Freunde der Spirituellen Maßnahmen, einige Betrachtungsweisen näher zu bringen, mit denen ihr hoffentlich so mancher Begriffsverwirrung geschickt aus dem Wege gehen könnt.

Mir haben diese Darstellungen und Unterscheidungen jedenfalls geholfen, als es darum ging, den eigenen Gedankengängen mehr Klarheit zu verschaffen.

Im Unterschied zu TAO geht der Verstand in seiner Rolle als berechnender Stratege voll auf. Hierbei kann er seine Fähigkeiten voll ausspielen. Vom analytischen Verstand werden Ziele ausschließlich mit planvoll strukturierten Strategien verwirklicht.

Der Verstand stellt seine eigene Meinung sogar, öfter als uns lieb ist, als alleinseligmachende Logik dar, rechtfertigt diese, beschuldigt andere, die nicht seiner besonderen Meinung sind, verkauft so anderen seine vorgeblich logischsten aller Schlüsse.

Leider verstrickt er sich auf diese Art und Weise gerne in individualistisch geprägte, pseudologische, für andere nicht nachvollziehbare Denkvorgänge und in allzu vorschnelle Re-Aktionen.

So prägt der Verstand das Ego. Manche würden die Vorgehens- und Arbeitsweise des Verstandes als Charakterzüge bezeichnen.

Während der Verstand versucht alles in einen von Logik bestimmten Rahmen zu setzen, notfalls zu pressen, gelingt es TAO, dem Selbst, immer, wirklich immer folgerichtig intuitiv vorzugehen.

TAO, das Geistige Wesen, arbeitet und gestaltet das Leben ausschließlich mit Postulaten.
Postulate sind dem Selbst der Person zugemessen und gehen oft gründlich „in die Hose", wenn Menschen versuchen per Verstand solche aufzustellen.

Postulat (lateinisch postulatum = "Forderung") ist per Definition: Eine Schlussfolgerung, eine Entscheidung oder ein Entschluss.
Dieser wird von einer Person aufgrund der eigenen, als freiheitlich angenommene Selbstbestimmung einmal gefasst und noch immer aufrecht erhalten.

Postulate können sowohl auf bewussten Daten der Gegenwart als auch auf nichtbewussten Daten aus der Vergangenheit beruhen.
Diese einmal in der Vergangenheit gestellten Postulate wirken bis in die Gegenwart herein und bringen oftmals Verwirrung ins Leben, weil sie dem Menschen gegenwärtig nicht mehr bewusst sind.

Beim Erstellen von Postulaten musst Du unbedingt wissen und dies beherzigen: **Ein wirkungsvolles Postulat ist immer unmittelbar in der Gegenwart bekannt. Es wirkt auch nur dann, wenn es Gegenwartsbezug hat.**

Wird ein Postulat mit „vielleicht" oder „hoffentlich" belegt oder enthält es „mögliche" Zukunftspläne, so gelangt der Entschluss garantiert nicht zur Realisation.
Das eindeutige „so ist es" im Postulat löst Problemstellungen der Vergangenheit auf, entscheidet über Probleme oder Beobachtungen der Gegenwart und stellt zudem ein Konzept für die Zukunft auf.

Erst im Zustand zunehmender Bewusstheit funktionieren solche Entschlüsse vollkommen und ohne jede zeitliche Verzögerung, weil sie immer zur Gegenwart her imaginiert sind.

TAO, die Person Selbst, die wir ein höheres Selbst als Geistiges Wesen sind, beherrscht den Umgang mit Postulaten vollkommen.

Als das unverfälschte TAO des Ursprungs, wären wir tatsächlich noch immer in der Lage, unsere Umgebung einfach per Gedankenkraft zu regeln.

Leider fehlt uns Menschen dazu derzeit die vollständige Bewusstheit, der Bezugspunkt zu unserem eigentlichen Sein. Zudem versucht unser Verstand sich als der große Meister aufzuspielen, uns in allem zu kopieren.

Im nunmehr Folgenden kläre ich, sowohl für mich als auch für euch, die Begriffsverwirrungen zwischen Geist oder Psyche oder gar Seele, eben TAO:

Geist:

In der Beschreibung des Selbst oder der „Person Selbst" vermeide ich mit Bedacht die Bezeichnung „Geist".

Denn, wenn man in einem ausführlichen Bedeutungswörterbuch nachschaut, wird man ganz schnell feststellen: Der Begriff „Geist" wird für viele, viel zu unterschiedliche Bedeutungen herangezogen.

So wird er beispielsweise als der „Träger des Lebens" bezeichnet oder als das denkende, erkennende Bewusstsein.

In dem schwammigen Unterschied zu einer angeblich empfindenden, ach so empfindsamen Seele, wird er hierbei zum stabilisierenden Faktor im Leben hochstilisiert.

Der nächste Definitionsversuch bezeichnet diesen tollen „Geist" als: Liebenswürdige, feinsinnige, kluge Witzigkeit.

Dann auch noch als: Die Gesamtheit aller nichtmateriellen Eigenschaften, zum Beispiel eines Volkes, einer Epoche oder einer verbindenden Dichtung.

Auch von Menschen im Hinblick auf ihre überragenden, geistigen Fähigkeiten, ihr so genanntes inneres Wesen, ihren Genius, spricht man von Geist.

„Geist" bezeichnet zudem: Wiederkehrende Verstorbene, abgeschiedene Seelen, Gespenster, Dämonen, Teufel, Naturwesen und, nicht zu vergessen, das Göttliche als Heiliger Geist.

Somit lasse ich diesen allumfassend widersprüchlichen, in so gut wie alle Himmelsrichtungen dehnbaren Begriff „Geist" einfach geistreich außen vor.

Ich benutze deshalb bestenfalls die Begriffe „Geistige Wesen" und „Welt des Geistigen".

Ansonsten gebrauche ich vorsichtshalber eindeutigere Bezeichnungen, die den Unterschied zum Körperlichen klarer aufzeigen.

Psyche:

Absichtlich vermeide ich auch den Begriff „Psyche". Genau wie dem „Geist", werden diesem Wort zu viele unterschiedliche Bedeutungen beigeordnet.

Damit wird wieder einmal, nur noch mehr irrsinnige Verwirrung geschaffen (womöglich mit Absicht).

Aus dem griechischen Sprachgebrauch kommend, besagt der Begriff „Psyche" speziell den Lebensodem sowie die Atemkunde mit dem Atemhauch und dem Atemfluss, dieser wird übersetzt mit: ich atme, hauche, blase, lebe. So schließen sich hier die Lebenslehre und die Lebenskraft an.

Auch das Bewusstsein sowie das Gemüt finden wir im Gefolge der Definitionen, dann den Trieb und diesmal sogar die Seele.

Was denn nun? Die Lebensenergie, eine Körperkunde oder die irgendwie geartete Seele?

Um das Kraut auch hier fett zu manchen ist „Psyche", aufgrund mythologischer Vorstellungen, auch noch ein „Schmetterling", nämlich jener „Seelenvogel mit den Flügeln eines Schmetterlings", der sich zu den Unsterblichen aufschwingt.

In der griechischen Mythologie hatte nämlich eine sterbliche Königstochter, mit dem Namen Psyche, eine Liebesbeziehung mit dem Gott Amor, auch Eros oder Cupido.

Schließlich wurde sie, nach etlichen Seelen-Prüfungen, gestellt von Aphrodite, ihrer Schwiegermutter, von Zeus unter die Unsterblichen aufgenommen, indem er ihr einen Schluck Ambrosia zu trinken gab.

Aus dem Hintergrund heraus wurde sie immer von der Liebe, ihrem Gott Eros, unterstützt, der ihr hilfreiche Energien zur Verfügung stellte.

In Österreich versteht man übrigens unter dem Begriff „Psyche" eine Art Frisiertoilette, also etwas an dem den Menschen der Kopf gewaschen und ein Haarschnitt verpasst wird, um Leute wieder gesellschaftsfähig zu machen.

Das scheint mir irgendwie viel ehrlicher zu sein, als alles andere, was das Wort „Psyche" noch begleitet.

Die moderne Psychologie meint jedenfalls selbst von sich, keine „Wissenschaft vom Seelenleben" zu sein, sich nicht mit der Seelenkunde zu beschäftigen.

Mindestens seit dem 19ten Jahrhundert arbeitet die Psychologie nämlich empirisch, das heißt: Aus den Erfahrungen gewinnend, darauf beruhend, vergleichend mit dem Verhalten von Mensch und Tier. Daher kennen wir die bekannt gewordenen, vergleichenden Experimente mit Ratten, Mäusen, Hunden und Schimpansen.

Die Psychologen sind demgemäß, empirisch forschende Wissenschaftler, die sich mit der Erforschung des Lebewesens Mensch befassen, sowohl in seinem allgemeinen Verhalten als auch mit seinen Fähigkeiten und mit dem nervlichen Zusammenspiel.

Im Jahrhundert davor mischte sich die Psychologie noch mit der Philosophie, der Theologie und der Metaphysik. Die weniger empirischen, die metaphysischen Zusammenhänge, hat die neue „Wissenschaft vom Menschen" mittlerweile weit von sich gewiesen.

Sie versucht weder Geist noch Seele sowie den Sinn des Lebens philosophisch zu erklären.

Für solche Metaphänomene, jene mehr spekulativen Ideen und Vorstellungen wurde extra die Parapsychologie geschaffen.

Bei dieser geht es dann tatsächlich mehr um etwaige Seelenaspekte, wie Geister und Geistererscheinungen sowie um verschiedene, außer- oder übersinnliche Wahrnehmungen, also irgendwelche „Fähigkeiten der Seele".

Die Parapsychologie wird, wie es das Wort schon sagt, aus der Psychologie ausgegrenzt („para" ist griechisch und heißt: Neben..., gegen... oder wider...).

Die Parapsychologie nimmt, als eine Art ausgelagerter „Müllcontainer", all die unheimlichen, außergewöhnlichen Phänomene auf, die der „normalen" Psychologie nicht ins Programm passen.

Mir stellen sich in diesem weiter hinausreichenden Zusammenhang folgende grundlegende Fragen:

> Wo bleiben die Religionsgemeinschaften und Kirchen sowie deren Vertreter, speziell der westlichen, noch immer römisch geprägten Welt, bei diesem Spiel mit der Psyche, wenn diese sich als Seele definiert und trotz allem nicht als solche offenbart?

> Haben jene Religionsformen etwa in den letzten hundert Jahren versagt, als es um die Seelenforschung ging?

> Wollen die Vertreter der offiziellen sowie der inoffiziellen Kirchen es auf Dauer zulassen, dass die Psycho-Seele noch intensiver in die Materie eingebunden, geradezu hereingezogen wird?

> Sollen sich die Gläubigen etwa im Sumpf von niederen Emotionen und körperlichen Abhängigkeiten selbst aufgeben, schließlich ganz verlieren?

> Wessen Absicht ist das?

Nach meinem Verständnis darf es einfach nicht darum gehen, die Geistigkeit der Wesen ausschließlich auf den körperlichen Menschen und seine offensichtlichen Unzulänglichkeiten zu reduzieren.

Auch kann und darf der Einsatz medizinischer Drogen keine dauerhafte Lösung für geistige Problemstellungen sein.

Ebenso entspricht der wertende Vergleich mit Tieren, Ratten, Schweinen oder Affen, die angeblich dem Menschen ähnlich sein sollen, nicht meiner Vorstellung von geistiger Freiheit.

Wo bleibt denn hier der Bezug zu dem, was ich als TAO bezeichne, das „Ich Bin" oder die „Person Selbst"?

Die Seele ist mehr!

Seele:

Selbst der Begriff „Seele" wurde von unterschiedlichen Interessengruppen so durcheinander gewirbelt, dass dessen Ursprünglichkeit aufgeweicht wurde und fast verloren ging.
Eine seltsam anmutende Wörterbuch-Definition besagt: Die Seele ist das Innenleben eines Lebewesens, das sich im Denken, im Fühlen, im Handeln oder im Bewegen äußert.
Damit sind doch hoffentlich nicht unsere Innereien gemeint!?

Seile werden um die innere Faser oder Litze herum angefertigt, die man ebenso Seele nennt. Dieser innerste Teil macht ihre Stabilität und Zugfestigkeit aus.

Auch bei der menschlichen Seele spricht man von dessen Gemütskräften, ebenso wie vom unsterblichen Anteil des Menschen.
Außerdem erkennt man in der Seele die dynamischen Triebkräfte und einen Mittelpunkt, der dem Leben gegeben ist.

Im Urgermanischen heißt sie „saiwalo", beschreibt die „vom See stammende" oder „von der See stammende" oder die „zum See gehörige". Wir finden auch eine Ableitung von dem oder der See, als dem Aufenthaltsort sowohl der Ungeborenen als auch der Toten.
Dabei ist „die See" hier wohl auch gleichbedeutend mit dem Begriff: Meer.

Trotz aller Wirrnis, ist mir der Begriff „Seele" noch am sympathischsten, denn er hat etwas Ursprüngliches.

Deshalb ist der Seelenbegriff, den ich anwende, all dem Wirrwarr übergeordnet.

Als „Seele" gelangen wir hierbei zu vereinfachten Verhältnissen, ohne die herkömmlichen Begriffsverwirrungen.

Mit dem Seelenbegriff, den ich meine, können wir auch wieder an die „Person Selbst" anknüpfen.

Die Seele ist hier TAO, der „Göttliche Funke", der nicht dem physikalischen Universum zuzuordnen ist, der wahrhaft ein Abbild des Göttlichen TAO ist.

TAO ist demzufolge vollständig bewusstes Göttliches Sein des „Ich Bin", eines Geistigen Wesens, einer wahrhaften Seele.

Unser Alltagsbewusstsein ist lediglich ein schwacher Abklatsch dieses bewussten Seins.

So wie wir mit unseren Sinnen nur einen Bruchteil all der Frequenzen von Licht, Schall und sonstiger Wellen wahrnehmen können, ebenso unvollständig ist unser menschliches Bewusstsein.

Erst nach dem körperlichen Tod erhalten wir die Erkenntnis für unser wirkliches Sein zurück (hoffentlich – wahrscheinlich aber doch nicht oder nicht immer). Bei Eintritt des körperlichen Todes verlässt die TAO-Seele ihre menschliche, körperlich-energetische Kohlenstoff-Einheit und nimmt dabei den Verstand mit, plus der Speicherinhalte aus der Materie des Körpers sowie der Energie, der Aura.

Genau deshalb funktionieren sowohl Spirituelle Rückführungen als auch Spiegel-Meditation, mit der Möglichkeit des Einblicks von TAO in den Verstand, dem Zugriff auf alle gespeicherten Daten aus früheren Leben, bis in sehr weit entfernte, frühere Leben hinein.

Mit dem möglichen Zugriff der TAO-Seele auf alle gespeicherten Daten aus dem Verstand, lassen sich Ereignisse wieder hervorholen.

In anderen Ausführungen versuche ich verschiedenen Religionsformen auf den Zahn zu fühlen, was Wiedergeburt, Reinkarnation und Seelenwanderung anbelangt. Dort fand ich etliche unterschiedliche und manche gleichbedeutende Ansichten.

Letztlich durfte ich erfahren: Die von mir gefundene, spirituelle Form, das TAO, beinhaltet sehr viel Basiswissen, das ihren Niederschlag in verschiedenen Religionen dieses Planeten findet.

Aus dieser, vor langer Zeit eingebürgerten, ursprünglich nicht irdischen Art und Weise religiösen Denkens, scheint sich so manche irdische Religion ein paar Scheiben abgeschnitten zu haben.

Aufgrund meiner Erkenntnisse kann ich mit Fug und Recht erklären, dass allerlei unterschiedliche Seelen-Aspekte die Grundlagen für Daseinsformen in der Zeit sind. Daraus ergibt sich:

**Es gibt nur ein Leben im Geiste,
das alle Zeiten überdauert.**

Wir verlieren, aufgrund des in fortwährende Verwirrung geratenen Zustandes (gewollt oder ungewollt oder einfach damit übereingestimmt), die Erinnerungen an frühere Leben.

Dennoch werden wir Menschen mit all unserem althergebrachten Wissen und Können, einem gewaltigen, geistigen Schatz, in wechselnde Körper immer und immer wieder hineingeboren.

Jetzt gilt es nur noch den Schatz zu heben, unsere alten Fähigkeiten wieder abrufbar zu gestalten.

Das letztliche Ziel besteht darin, dem „Rad der Wiedergeburt" zu entkommen. Denn unser aller Ursprung, unser Göttlicher Quell, hat mit den ständigen Wiedergeburten nichts gemeinsam.

Wir müssen uns demnach unserem Göttlichen Wesensgrund wieder annähern, uns für das Göttliche öffnen.

Genau diesem Zweck dienen insbesondere die uns von wohlwollenden Wesen anvertrauten Möglichkeiten für Spirituelle Rückführungen und Spiegel-Meditation.

TAO:

TAO ist für mich, als Druide des TAO, der Inbegriff der Seele, der Göttliche Funke der nicht dem physikalischen Universum zuzuordnen ist, wahrhaft ein Abbild des Göttlichen, des Göttlichen TAO.

Mit dieser Art des Seelenbegriffes gelangen wir etwas leichter zu vereinfachten Verhältnissen in den Definitionen.

Hiermit können wir jetzt auch wieder an TAO, als „die Person Selbst" oder „das Selbst", anknüpfen.

TAO ist demzufolge: Vollständig bewusstes Göttliches Sein, das "Ich Bin", ein Geistiges Wesen, eine wahrhafte Seele.

Der Begriff TAO floss mir hierfür aus meinem atalantischen Dasein im Doppel-Sonnensystem Atalant zu:

Wir sind in jedem Falle TAO, ob als Mensch oder als reines Geistwesen, und TAO ist das Göttliche Selbst, damit absolut deckungsgleich mit dem Seelenbegriff.

Darüber hat sich uns Druiden des TAO das Folgende offenbart. Aus einem übergeordneten Gesichtspunkt heraus, konnten wir die hier zusammengestellten Informationen erarbeiten und allen Menschen wiedergeben:

01) TAO ist die Seele, TAO ist das Geistige, ist TAO das Göttliche - TAO ist allumfassend TAO.

02) TAO ist kein Bestandteil des physikalischen Universum, weder die Seele, das Geistige, noch das Göttliche.

03) Wir TAO als höheres Selbst, die Geistigen Wesenheiten, sind nicht wirklich viele.

04) Durch zunehmender Individualisierung haben wir uns in das von uns geschaffene Spielfeld für das „Große Spiel", das Universum, begeben, uns ihm zugeordnet.

05) Jede TAO-Seele ist in der Lage mehrere Körper zu steuern.

06) Über das Steuern von Bio-Körpern halten wir, TAO, uns selbst im Spielverlauf gefangen – ein tolles Spiel.
Das Steuern von Menschen war anfangs eine kollektive Angelegenheit. Eine Seele steuerte ganze Gesellschaften.

07) Die „menschliche Seele" (ein Widerspruch in sich!)
ist mittlerweile ein weitgehend individualisierter Aspekt.

08) Tiere einer Art (nicht nur Ameisen oder Bienen) sind meist
noch immer kollektiv beseelt.
Auch menschlich geprägte Seeleneinheiten übernehmen
vorübergehend Tiere.

09) Mit konzentrierter Aufmerksamkeit steuert TAO seine
jeweiligen Körper.
Diese Aufmerksamkeit ist vergleichbar mit belebender
Energie, mit Lebensenergie.

10) Belebende Energie ist also einwirkende Aufmerksamkeit.

11) Jeder Körper ist demnach ein Konstrukt aus belebender
Aufmerksamkeit. Viele Einheiten davon bilden ein Ganzes.

12) Mittels Aufmerksamkeit werden auch Informationen
und Wissen aus der Umgebung gesammelt.

13) Erfahrungen sind allerdings oftmals schwere, belastende,
karmisch zu nennende Anteile, die Aufmerksamkeit im
vorgeblichen Strom der Zeit binden.

14) Das dramatisch Überbewertete, schmerzhaft Erfahrene
sowie Verluste und Verlustängste binden uns ins Spielfeld
des Universum.

15) Wer den alten Erfahrungen zu sehr nachhängt, verliert
seine ursprüngliche, seelische Leichtigkeit und damit
seinen Spielgeist.

16) Anteile von Aufmerksamkeit bleiben im holographischen
Raum und in der virtuellen Zeit hängen.
Wer diese Energie nicht bewusst machen und loslösen
kann, bleibt über lange, lange Zeit daran gebunden.

17) Gebundene Aufmerksamkeit wird bis in die Gegenwart als Verlust dramatisiert und als schmerzhaft empfunden. Auf diese Art und Weise entstehen allerlei Ängste. Vermeidungsängste und Lebensängste führen sowohl zu körperlicher als auch zu geistiger Erstarrung.

18) Dramen werden gerne auch konstruiert, um dem „ Großen Spiel" sowie dem „Spiel des Lebens" einen irgendwie gearteten, manchmal verrückt erscheinenden Sinn zu geben.

19) Solche Dramatisationen trennen uns vom Lebendigen, machen uns gleichfalls starr.

20) Das überbewertet schmerzhaft Erfahrene, insbesondere in Verbindung mit Körpern, bindet uns als Spielbälle ins physikalische Universum.

21) Besonders plötzliche Tode führen zu Verlustsituationen beim Erleben, wenn TAO dem ach so wichtigen Körper „nachtrauert".

22) Verluste reihen sich an Verluste und belasten damit vergangene Leben, dieses Leben sowie spätere Leben.

23) Nach jedem Tod werden alle Einheiten der körperlichen sowie der geistigen Aufmerksamkeit als Informationen mitgenommen.

24) Gestorbene erhalten sich dadurch ihre individuelle Identität. Sie tragen ihre unverwechselbaren Signaturen durch die Zeit.

25) Geister-Aspekte im Sinne von Gespenstern, sind Reste von Aufmerksamkeit, die sich nicht lösen konnte. Solche Aspekte sind, ohne fremde Hilfe, unfähig sich von Orten, Gegenständen oder Personen zu lösen.

26) Einzelne Aspekte können sogar bei anderen TAO-Seelen andocken.
Hier spricht man dann von einer geistigen Übernahme oder von einer Besetzungen.

27) Es ist wichtig, den verstreuten Aufmerksamkeitsanteilen zu helfen, sich wieder zu vereinen. Hierbei spricht man fälschlicherweise von abgespalteten Seelenanteilen oder dergleichen.

28) Das bedeutet nämlich nicht, dass TAO-Seelen als solche teilbar sind. Es handelt sich nur um ihre in Zeit und Raum verteilte Aufmerksamkeit.

29) Auch bei anscheinenden Verlusten von Aufmerksamkeit bleibt TAO, die Seele, immer vollständig.
Teilbar sind lediglich energetische Erscheinungen im physikalischen Universum.

30) Ursächliche Seelen können weder getötet werden noch werden sie krank, noch gehen sie verloren.
Krankheiten, Krankheitserscheinungen, Krankheitsbilder und dergleichen befinden sich nur im Verstand.
Erst im Nachzug manifestieren sie sich im Körpersystem.

31) In den Speichereinheiten von Verstand und Körpersystem sind die jeweiligen Krankheitsbilder gespeichert.

32) Lediglich mittels selbstbestimmer Übereinstimmung bindet sich die TAO-Seele selbst in das Universum. Über ihren Verstand lässt sich TAO auf das Spiel ein.

33) Solche Übereinstimmungen können tatsächlich, zumindest vorübergehend, so erscheinen, als wären Seeleneinheiten geschädigt.
Entsprechende Schadensbilder sind in Wahrheit lediglich physikalisch, also energetisch.

34) Es sind Verluste von Aufmerksamkeit = Lebensenergie.
Verlorene Lebensenergien sind im Raum und in der Zeit
gebundene Einheiten von Aufmerksamkeit.
Je mehr wir uns in Raum und Zeit verlieren oder verloren
glauben, desto schwächer erscheint sogar TAO.

35) Unser aller Ziel sollte jedermanns Ganzwerdung sein, das
Wiedergewinnen jeglicher Aufmerksamkeitsanteile.
Genau dies bedeutet Heilung, letztlich als Heiligung.

36) BewusstSein, das Da-Sein aller Wesenheiten im HIER und
JETZT, ist die Los-Lösung für uns alle.

37) TAO zu Sein, Seele zu Sein, Selbst zu sein, Göttlich zu
sein, heißt: Frei zu sein vom „Großen Spiel", vom Spielfeld
des physikalischen Universum, von Materie, Energie, Raum
und Zeit.
Als TAO-Seele stehen wir außerhalb der Schwere des
physikalischen Universum.

38) TAO ist dauerhaft mit dem Göttlichen TAO verbunden,
über der Illusion von Raum und Zeit hinaus.

39) Leichtigkeit und spielerisches Vergnügen führt zur Freiheit
mit ursächlich wahrgenommener Verantwortung, mit Ethik
und Ästhetik.
Es gilt, unseren ursprünglichen Spielgeist unbedingt
wiederzuerlangen.

40) Als einzelne Egos sind wir allerdings nicht in der Lage
dauerhaft frei zu sein.
Viele Menschwesen wissen nicht einmal, wofür sie frei
sein sollen.

41) Nur die bewusste, gemeinschaftliche Verbindung im hohen
Selbst, dem Geistigen TAO, öffnet uns den Weg zur Quelle
oder Ursprung, im Göttlichen TAO.

42) Als TAO-Seelen sind wir sowieso nicht vereinzelt. Über die Illusion von Raum und Zeit hinaus, sind wir beständig miteinander verbunden und darüber hinaus auch mit dem Göttlichen TAO.

43) Das Wissens-BewusstSein dafür gilt es zurückzugewinnen.

Spirituelle Rückführungen und Spiegel-Meditation sind Angebote, um unsere wahre Größe wieder zu finden.

Schließlich ist TAO nicht allein die Seele, die wir als die menschliche bezeichnen. Das Höhere Selbst, dem wir uns nähern dürfen, ist das wahre „Ich Bin" einer sehr viel größeren Wesenheit.
Andere würden dies als ein Über-Ich bezeichnen wollen. In der Transzendenz zum Göttlichen ist all dies richtig und wahr.

Dem klein gemachten, kleinlichen Ego können wir entfliehen, sobald wir uns unserer wirklichen Größe bewusst werden.

Mit der Unterstützung durch Spirituelle Helfer, Rückführer oder andere, gelingt uns der Aufschwung, die Transformation vom Dasein als Mensch zum Dasein als Geistiges Wesen.
Im letztlichen verbinden wir uns in der Transzendenz mit dem Göttlichen TAO.

Uns wird mehr und mehr bewusst, wie eng wir mit dem TAO-Sein sowohl der allgegenwärtigen TAO-Natur in diesem physikalischen Universum als auch mit dem geistigen Kosmos allen TAO-Lebens verbunden sind.
In TAO vollzieht sich der Wandel einer Lebendigkeit, dem wir uns nur hinzugeben brauchen, um gleichfalls lebendiger zu sein.
Dadurch gelingt eine Art von Magie der Lebensabläufe. Dann geschehen sie wie von selbst.

In der Philosophie des irdischen Taoismus heißt es dazu:

„Das einzig Beständige ist der Wandel."

Dem kann ich mich, als Druide des TAO, nur anschließen, denn sobald wir dem Wandel Raum geben, erhöhen sich die Möglichkeiten im Leben. Das Leben wird vielfältiger und bunter. Wir können mehr Schwung in unser Erleben bringen.

Noch vielgestaltiger wären unsere Lebensinhalte, hätten wir den umfangreichen Zugriff auf frühere Leben, auf deren Wissensinhalte und Befähigungen.

Auch könnten wir gezielt aufräumen, indem wir unsere karmischen Verstrickungen in Ordnung brächten.

Leider verlieren wir, aufgrund unseres derzeitigen, in fortwährender Verwirrung befindlichen Zustandes, als menschliche Lebewesen, gewollt oder ungewollt hineinversetzt oder einfach indem wir selbst damit übereingestimmt haben, vielfach die entscheidenden Erinnerungen an frühere Leben.

Lediglich bei Kindern, bis zirka zum fünften Lebensjahr und dann wieder bei den Jugendlichen in der Pubertät, können wir noch Fragmente einer Art Erinnerung feststellen.

Bei diesen noch jungen Menschen bricht ab und zu die weit, weit zurückliegende Vergangenheit durch und sie erzählen den Erwachsenen dann Geschichten von ihren früheren Leben. Dafür gibt es ungezählte Beispiele.

Doch welche dieser, völlig anders geprägten Erwachsenen können etwas damit anfangen?

Wenn überhaupt zugehört wird, dann werden diese Erzählungen in den Bereich der Phantasie oder der Halluzinationen verworfen. Auf diese Art und Weise werden sowohl die Geschichten als auch die Erzähler einfach abgewertet.

Würden diese Erziehungsberechtigten ihren Kindern freiere Entfaltung, weniger Abwertung und mehr positive Bestätigung gewähren, hätten ihre Kinder, trotz der absichtlich herbeigeführten Verwirbelungen (von wem auch immer!?), schon in jungen Jahren die phantastische Chance, ihre wesentlich weiter entwickelten Fähigkeiten wiederzugewinnen, als man ihnen heute noch zugesteht.

Vermutlich werden zu späteren Zeiten, die Menschen einer fortschrittlichen Zukunft dann nur noch darüber lachen oder zumindest lächeln, weil ich etwas beschreibe, was dann sowieso alltäglich geworden ist und keiner weiteren Betrachtung bedarf.

Schon zu allen Zeiten haben wir immer wieder einmal wissen dürfen, dass wir mehr sind, als nur die Körpereinheiten, Spielbälle oder Figuren im „Großen Spiel", speziell dem „Spiel des Lebens".

So fragte Bischof Gregor von Nazianz (* um 329/330; † 390):

„Meine Seele, was denn bist du und
woher gekommen bist du?
Wer hat dieses Leibes Last dir aufgelegt?
Tu kund mir, welche Macht ist's,
die dich band an dieses Lebens Ketten?
Wie bist Du, der Hauch an diesen Körper,
an den Stoff der Geist gebunden?"

Ursache und Wirkung

Du selbst bist der Regisseur
in Deinem eigenen Leben.

TAO, die Person selbst, als Geistiges Wesen, ist das alleinige, ursächlich mit Vernunft begabte Prinzip.

Es ist das, was als „Boss" im Geschehen der Dinge und Abläufe bewusste und gezielte Wirkungen in diesem Universum hervorrufen kann.

TAO, Du selbst, hast die Macht, die Kräfte Deines Denkens zu einem Bild zu formen sowie den Gestaltungsprozess in Gang zu setzen und dann in Gang zu halten.

Das Gesetz von Ursache und Wirkung bestimmt sowohl das Geistige als auch das Leben im Universum der physikalischen Naturgesetze.

Aus dem geistigen Kosmos „heraus" gilt diese Gesetzmäßigkeit ebenso für das physikalische Universum.

„Dort", in dem Geistigen DaSein, existiert jedoch weder unsere Vorstellung von Raum noch der Ablauf der Zeit.

Deshalb geschehen unsere einmal gedachten Vorstellungen sowie die mentalen Abläufe gedankenschnell, das heißt ganz eindeutig: Ohne jede Zeitverzögerung.

Also immer und immer wieder, gilt dieser Rat:

„Hüte Dich vor Deinen Gedanken, Wünschen und Träumen, denn sie könnten erfüllt werden!"

Taoistisches Sprichwort

Postulate

Lateinisch postulatum = "Forderung". Gemeint ist eine Schlussfolgerung, eine Entscheidung oder ein entsprechender Entschluss, gefasst von einer Person aufgrund ihrer eigenen Selbstbestimmung.

Das Postulieren bedeutet das Beschließen oder die Entscheidung ein Problem zu lösen oder ein Konzept für die Zukunft aufzustellen oder aber ein Schema der Vergangenheit aufzuheben.

Ein Postulat ist immer als solches bekannt. Es kann sowohl auf bewussten, als auch auf nichtbewussten Daten aus weiter oder naher Vergangenheit beruhen.

Es wird immer in der Gegenwart aufgestellt.

Nochmal: Das Postulat löst die Probleme der Vergangenheit. Es entscheidet ebenso über die Probleme oder Beobachtungen der Gegenwart oder stellt ein Konzept für die Zukunft auf.

Als Spirituelle Helfer müssen wir über diese irgendwann einmal postulierten Ideen und die so entstandenen Geschichten Bescheid wissen.

Unsere rat- und hilfesuchenden Freunde haben nämlich häufig überhaupt keine Ahnung, was sie für ihr Leben alles so per Postulat in die Welt gesetzt haben.

Vieles von dem wofür sie Hilfe erwarten, ist von ihnen selbst so gewollt worden.

Auch Du als der Meditierende vor dem Spiegel musst darüber Bescheid wissen. Immerhin hast Du Dir selbst so manche Deiner Schwierigkeiten selbst per Postulat in die Welt gesetzt.

Die Spiegel-Meditation offenbart Dir so manche dieser selbst gestrickten bildhaften Wahrnehmungen.

Krankheitserscheinungen der verschiedensten Art haben ihre Ursache nicht nur bei irgendwelchen Krankheitserregern wie Viren, Bakterien oder Pilzen, Giftstoffen oder sonstigen Zufallsprodukten.

Selbst Unfälle geschehen nicht so ohne weiteres. Ebenso sind Schicksal, Zufall, Gottesurteil oder Kismet von den Leuten entweder direkt tatkräftig verursacht oder sie werden zumindest nicht verhindert, zum Beispiel einfach aufgrund von Untätigkeit.

Dies gilt sowohl für die eigenen Unfälle, als auch für Unfälle die speziell nahen Mitmenschen geschehen.

Auch Krebs, Diabetes, Herzinfarkt, Schlaganfall oder ... lassen sich ganz einfach auf die Lebensgestaltung sowie auf Lebensgewohnheiten zurückführen, also auf selbst verursachte Willenserklärungen. Dabei wirken die nichtbewussten Postulate oftmals sogar noch intensiver als die bewussten.

Die selbsttätigen Umprogrammierungen speziell solcher tief sitzender Postulate greifen nämlich nicht, wenn die Person deren genaue Ursache nicht kennt.

So macht auch die gut gemeinte Empfehlung, per Selbstsuggestion auf das Unterbewusstsein (was auch immer das sein mag!?) einzuwirken, keinen Sinn.

Erst das völlige Bewusstsein, in Bezug auf ein ursächliches Ereignis, ermöglicht den Zugriff auf die postulierte Willenserklärung.

Mittels Spiegel-Meditation erhalten wir den Zugang zu verborgenen Inhalten. Damit dringen wir schon ganz schön weit vor, was das Erkennen von Ursachen anbelangt.

Mit der machtvollen Methode der Spirituellen Rückführungen gelangen wir sogar in tiefersitzende Schichten des menschlichen Denkens, des Verstandes.

Der Informationsgehalt im Körpersystem, vor allem mit seinem Energiefeld, lässt offenbar eine Heilwerdung nicht zu.

Deshalb nimmt die Person, mit der Unterstützung durch Spirituelle Helfer, den Kontakt bewusst auf. Sie gelangt so mittel- bis langfristig zum bewusst gemachten, unmittelbaren HIER und JETZT.

Die Person selbst bewirkt die enorme Erleichterung und Lösung von energetisch geladenen Informationen, die auf solche Postulate zurückzuführen sind.

Für all diese Vorgänge stellen sich die entscheidenden Fragen:

> Bist Du Ursache oder Wirkung in Deinem geistigen Kosmos sowie beim Leben im physikalischen Universum?

> Hast Du das (Er-)Leben sowie das Überleben in Deiner Hand oder hat das Leben Dich im Griff?

Nichts, wirklich gar nichts im physikalischen Universum, kann Geistige TAO-Wesen mitsamt ihrem Verstand erschüttern, wenn diese abermals bewusst werden und erkennen, wie das vordem selbst geschaffene Gesetz von Ursache und Wirkung anzuwenden ist.

Oft genug finden wir eine ziemliche Begriffsverwirrung bezüglich dieser beiden Begriffe bei den Menschen.
So wird doch tatsächlich, in den Betrachtungen etlicher Leute, die Ursache zur Wirkung vertauscht und umgekehrt.

Demnach kannst Du Leute sagen hören: "Ich bin die Wirkung im Leben, weil ich etwas bewirke." In Wahrheit sollte es natürlich richtig so heißen: "Ich bin die Ursache im Leben, weil ich etwas bewirke (oder eben auch: verursache)."

„Man liebt Ursache und Wirkung zu verwechseln."

Johann Wolfgang von Goethe

Die Wirkungsposition
ist die unterordnende Position

Leute machen sich klein, sprechen von sich selbst als: „Wir kleinen Leute", und sie lassen einfach etwas mit sich geschehen.
Jene „kleinen Leute" beugen sich vor den „Mächtigen", ohne jemals aufzumucken.
Solche Menschen lassen es somit tatsächlich selbst zu, dass sie in einer andauernden Unterdrückung leben.

Der von außen zugefügte Druck, letztlich ein zugelassener Druck, diese Art der Suppression, führt nicht selten zu einer als „krank" diagnostizierten Depression (auch bezeichnet als psychische Niedergeschlagenheit).

Menschen lassen es zu, dass man sie niederschmettert und ihnen auch noch auf den Kopf spuckt. Noch schlimmer: Sie fordern die Unterdrückung geradezu heraus. Sie ziehen ihre Unterdrücker wie magisch an.

Die in Unterdrückung lebenden, werden auch oft selbst zu Unterdrückern, indem sie den Druck wie automatisch weitergeben.

Diese Leute sind nicht durch ihre bewussten Handlungen dafür verantwortlich, sondern durch ihre Glaubenssätze und den daraus resultierenden Automatismen und besonders durch ihr stetes Nichthandeln, dass sich die Hierarchien von Über-, Unterordnung in unserer Gesellschaft etablieren konnten.

Als Spielfiguren auf einem imaginären Schachbrett, dem physikalischen Universum, könnte man diese vorgeblich „Kleinen" als die Bauern im Spiel ansehen.

„Das ist das Verdammte
an den kleinen Verhältnissen,
dass sie bemüht sind, die Seele klein zu machen."

Henrik Ibsen

Die Ursacheposition
ist die machtvolle Position

Diese Position sollte jetzt allerdings auf gar keinen Fall mit der Unterdrückung anderer gleichgesetzt werden. Sie wird jedoch oft genug dafür angesehen.

Kein Mensch in einer wirklich ursächlichen Position, missbraucht seine natürliche Macht automatisch zur Unterdrückung.

Es sind die oben genannten Kleingeister, die sich ohne eigenen Selbstwert, als Möchtegern-Herrscher gebärden, die dann mit der Macht Schindluder treiben.

Diese Leute wurden zum Beispiel in überhöhte Machtpositionen hineingeboren oder sie wurden, damit andere Mächte ihren Nutzen davon haben, irgendwie fremdgesteuert auf entsprechende Positionen gehievt.

Macht und Ohnmacht stehen sich hier wirklich gegenüber. Der Ohnmächtige ist nämlich deshalb völlig machtlos, weil er sich dem Geschehen entzieht.

Dennoch sollte niemand annehmen, dass jemand der ohnmächtig ist nichts mehr wahrnimmt. Er ist lediglich zeitweilig nicht ganz bei Bewusstsein.

Hier nun mein Appell an diejenigen, die ihres Bewusstseins mächtig sind: Die so Mächtigen haben die Verpflichtung sich um andere zu kümmern, damit auch diese wieder am Leben und damit an der Macht teilhaben können.

Wahre Herrscher, wie Könige, Kaiser und dergleichen, sahen sich in früheren Zeiten, als Diener ihres Volkes, als „Diener des Staates", wie sich sogar Friedrich der Große, der Preußenkönig, selbst bezeichnete.

Um wahrhafte Ursache zu sein, bedarf es niemals eines entsprechenden, von anderen vorgeschriebenen Postens.

Der Mensch, der wahrhaft Ursache im Leben ist, tut einfach das Entscheidende und verdeutlicht dies in seinem „SoSein".

Weniger in seinen Reden, als vielmehr besonders an seinem Tun wird es klar, denn:

„An ihren Taten sollt ihr sie erkennen."

Als Mensch mit absolut ursächlicher Lebensweise und Lebenskraft bist Du TAO, das Geistige Wesen, das Selbst, ganz und gar das „Ich Bin" in reiner spiritueller Betrachtung.

Stabilität und Standfestigkeit in allen Lebenslagen, charakterisieren diese sich selbst bewussten Menschen.

Energetisch wahrnehmbare Präsenz im Dasein, eine so genannte „starke Aura", umgibt solche Personen.

Der hauptsächliche Grund, warum sich manche Leute vehement davor drücken Ursache zu sein, ist: Die damit eng verbundene, allerdings aufgesetzte und nicht wirklich erforderliche, **Angst vor der Verantwortung** für das Verursachte.

Denn, dies ist tatsächlich eine Gesetzmäßigkeit:

Nur wer bereit ist Verantwortung zu übernehmen, kann auch effektiv ursächlich sein.

Verantwortung zu übernehmen scheint allerdings, besonders im Gefüge der heutigen Gesellschaften, nicht mehr „In" zu sein.

Viele, sehr viele geben Verantwortung gerne ab: An Horoskope, an Talismane, an Ärzte und Pfleger, an Drogen und Medikamente, an Parteien und ihre Politiker, an den Staat und seine Institutionen, an Banken und Versicherungen, an Gott, mit seinen irdischen Vertretern, und an die Welt.

Menschen leben dabei wie blinde und taube Herden-Sklaven in ihrem weitgehend verantwortungslosen, damit vorgeblich schuldlosen Dasein. Wie Lemminge laufen sie gemeinsam in den sicheren Tod. All dies nur, weil es Generationen vor ihnen auch schon so gemacht haben. Dafür verantwortlich sind schließlich immer die Anderen. Denen weisen sie auch ganz schnell ihre Schuld zu.

Mangelndes Selbstbewusstsein ist mangelndes Bewusstsein zum eigenen Selbst, als Geistigem Wesen, ist die Ursache für so eine Lebenseinstellung. Der Begriff „Schuld" wird locker getragen, wie ein Colt an der Hüfte.

Wer ein falsches oder unbedachtes Wort äußert oder eine andere Überzeugung lebt, wird damit ganz einfach abgeschossen.

Mit der idiotischen Floskel: „Wer sich verteidigt klagt sich an!", wurde schon so mancher brave Mensch auf den Scheiterhaufen geschickt.

Schuldzuweisungen sind üblich und an der Tagesordnung. Mit: "Der, die, das ist schuld." oder direkter: "Du bist schuld!", hat man ganz schnell jemand ausfindig gemacht der hoffentlich überhaupt ein Gewissen hat oder vielleicht gleich ein schlechtes, an das man sich dann anschließen kann, um ihn noch richtig fertig zu machen.

Der soll dann mehr Verantwortung für die zugewiesene Schuld tragen als man selbst. Gegen den kann man seinen verurteilenden Zeigefinger strecken.

Diese Person oder Institution muss deswegen noch lange nicht im Unrecht sein. Das Wichtigste ist hierbei erst einmal, dass von der eigenen Verantwortlichkeit abgelenkt werden konnte.

Wenn der Angegriffene sich dann nicht einmal angemessen wehrt, sich nicht wehren will oder sich nicht zu wehren vermag, weil er dem Angriff schutzlos ausgeliefert ist, ihn möglicherweise so gar nicht erwartet hat, können jene sich sogar noch in einem relativen Recht wähnen.

Die so, schnell missbrauchten Begriffe von Schuld und Sühne geraten jedoch zu einer Farce, zu einem Possenspiel, werden sie im blendend hellen Lichte der ursächlichen Verantwortung angestrahlt.

Hinter oder vor dem vorgeschobenen Täter könnte nämlich plötzlich der wahre Unhold zum Vorschein kommen.

Auch der verursachende Täter und das der Wirkung ausgesetzte Opfer, erhalten durch diese grelle Beleuchtung eine ganz andere Beziehung zueinander.

So entwickelten sich die Betrachtungsweisen zum Karma aus jenem angeblichen Zusammenhang zwischen Schuld und Sühne.

In den indischen Philosophien (Hinduismus, Jainismus und Buddhismus) gibt es sich ähnelnde Vorschriften zum Abbau von Schuld, die sich nach deren Ansicht, im karmischen Mit- oder Gegeneinander angehäuft hat.

Ob dies wirklich für alle Menschen auf diese Art und Weise funktioniert muss ich einfach nur verneinen.

Aus meinen Erfahrungen mit den Spirituellen Rückführungen kann ich lediglich immer wieder erklären: Wer sich solchen oder ähnlichen Regelwerken zuordnet oder sich ihnen unterordnet, wird mit ziemlicher Sicherheit auch entsprechende Wirkungen erzielen.

Ob damit das Leben der Menschen einfacher wird? Ich wage es zu bezweifeln, wenn ich mir das System der Kasten in Indien real vor Augen halte.

Aus den Ursachen entstehen Wirkungen, weil sich die geistigen Bindekräfte des Kosmos, nämlich Liebe und Hass, in einem Netzwerk anziehen oder abstoßen.

Dabei ist auch das Abstoßen nichts anderes als eine dennoch wirksame Bindung über den Raum und die Zeit hinaus. Denn ohne das Gegenüber gäbe es diese Wirkungen nicht.

Nach meiner Erkenntnis aus vielen Spirituellen Rückführungen erzeugen die Liebe und der Hass das Karma. Ausschließlich Liebe und / oder Hass setzen sowohl die Ursachen als auch zwangsläufig die hervorgerufenen Wirkungsweisen.

Sobald wir sowohl unser Denken als auch selbstverständlich unsere Emotionen möglichst intensiv der Liebe zuwenden, je hochwertiger desto besser, bringen wir den karmisch angestauten Hass automatisch zum Verschwinden.

Notwendige Übel in Wirkungspositionen

Die meisten Menschen beugen sich im Verlaufe ihres langen Lebens, den auf sie einströmenden, sie intensiv beeindruckenden, erzwungenen oder zwanghaften Notwendigkeiten.

Der Begriff: „Notwendig", verdeutlicht bereits die Art und Weise des Vorgehens. Die zusammengesetzten Worte Not + wendig bedeuten hier ganz einfach: Aus der Not geborene Wendigkeit.

Menschen wenden oder winden sich unter dem Druck der selbst erzeugten oder von außen herangetragenen Nöte.

Diese Art und Weise des Denkens und des Handelns, ist eine Wirkungsposition allererster Güte. Die Ursache über sein Leben erreicht man dadurch sicher nicht.

Erst wer der drückenden Not ein Schnippchen schlagen kann, gewinnt die wahre Ursacheposition zurück.

Dazu muss der Mensch in einen anhaltenden Zustrom von Geld und Gütern einsteigen und darin aufsteigen. Er braucht dafür einen für ihn reichlichen, relativ lebensfreundlichen Status.

So schwimmt er sich tatsächlich frei. Er schwimmt buchstäblich, als ursächlich handelndes Wesen, hin zu Überfluss und Wohlstand, um dann verstehen zu lernen, wie es sich in diesem, als befreit erlebten Zustand dauerhaft lebt.

Sich zu winden ist keineswegs die Art von TAO, dem freien Geist. Diese Art der Bewegung, weder körperlich noch geistig, entspricht weder dem aufrechten Gang von Menschen noch beinhaltet sie Geradlinigkeit im Leben.

Allerdings gibt es genügend Bestrebungen in unser aller Umfeld, die uns erst in Nöte bringen wollen, um uns dann in Mangel und Not zu halten.

Solche Systeme mehr oder weniger raffiniert aufgebauter Fallen, mit ihren Fall- und Fangstricken, umgeben jeden von uns.

Ein Beispiel dafür sind zu enge, würgend wirkende Familienbande. So mancher darf sich nicht aus dem Staub seiner Vorfahren erheben, weil er schließlich schon immer zu den kleinen Leuten gehört hat und sich gefälligst nicht einbilden soll etwas Besseres zu sein.

Wer dennoch anfängt, eigene Verantwortung für sein Leben zu übernehmen, ursächlich zu werden, tatkräftig etwas zu bewirken beziehungsweise zu verursachen, wird diese und ähnliche familiäre Bande gehörig strapazieren.

Die nächsten fallenähnlichen Strukturen erwarten Freigeister in den Schul- und Lehrsystemen, mit all ihren vielfach doktrinären, erstarrt wirkenden, teilweise verlogenen oder noch dazu überzogenen Lehrinhalten.

Was junge Menschen dort über Jahre gelehrt bekommen, ist häufig weltfremd, in der Realität des Lebens nicht anwendbar.

So sollen von den Lehrern manchmal nur ideologisch geprägte Lehrpläne erfüllt und ausgeführt werden.

Solche Planvorstellungen haben dann nur sehr wenig mit den Lebensinhalten um uns herum zu tun.

Außerdem wird die Teamfähigkeit untergrabenden. Die der Individualisierung bis zur Gegnerschaft zuarbeitenden Vorgehensweisen tragen entscheidend zu Stagnation und Erstarrung in den Klassenverbänden sowie in der Gesellschaft bei.

In diesen menschlich unwürdigen Verhältnissen hat auch die Kriminalisierung ihren Ursprung. Das im menschlichen angelegte Spielverhalten wird zu einem Neid-Missgunst-Verhalten verbildet, geradezu pervertiert.

In den Schulen gibt es keinen spielerischen Umgang, weder mit dem Lehrstoff noch untereinander.

Jeder gegen jeden heißt die oberste Devise. Sie ist im Wertungs- und Bewertungssystem der Schulnoten unterschwellig angelegt. Mit besser, höher, weiter bleibt die Liebe auf der Strecke.

Vertreter der Systeme, die Lehrer, wissen oftmals nicht einmal selbst, dass sie an der Harmonisierung des Lebens vorbeilehren.

Während sie sich freiwillig oder zwangsläufig, den von oben aufgesetzten Plänen beugen, versuchen sie ihre automatisch funktionierenden Handlungsweisen einfach mit dem eindeutig verlogenen Satz zu rechtfertigen: „Nicht für die Schule, für das Leben lernt ihr."

Erst, wenn solcherart verbildete Menschwesen später feststellen müssen, dann möglicherweise schmerzhaft, wie weit sie vom Schulsystem in die Irre geleitet wurden, gehen einigen von ihnen wahrhaftig ganze Kronleuchter auf.

114

Leider fehlt für solche, direkt aus dem Leben gegriffenen Erkenntnisse, häufig der kommunikative Draht zurück zu den Schulen.

Und ob die Meinung der Praktiker dort noch Gehör finden würde, darf zudem bezweifelt werden.

Die Erzeugung von geistig reduziertem, leicht zu versklavendem, mittels gezielt beabsichtigten Fremdeinflüssen beliebig steuerbarem, wenig nachdenkendem Menschenmaterial setzt sich im Berufsleben fort.

Im direkten Gegensatz dazu sollten wir auf dem Planeten Erde vorfinden dürfen: Über sich selbst bestimmende, geradezu universell denkende und selbstständig handelnde Menschen.

Dass dies nicht so ist, verdeutlichen solche Schlagworte wie: Spezialistentum, Betriebsblindheit, Beamtenmentalität und ähnliche Verallgemeinerungen.

Wir müssen leider immer wieder wahrnehmen, wie Leute es zulassen eingeengt zu werden, in einem Berufsfeld oder in dem für die Öffentlichkeit bestimmten Bild davon.

Die Waagschale einer Balkenwaage senkt sich hier, in dem sozialen Umfeld, in den meisten Gesellschaften der Staatsgebilde dieses schönen Planeten, ganz klar zu Ungunsten von Ursache.

Umkehr ist angesagt!

Um tatsächlich wieder Ursache im Leben sein zu können, es zu dürfen, müssen: Lieb gewonnene Gewohnheiten gebrochen, alte, verfilzte Zöpfe abgeschnitten, die verdrehten Denkschleifen entknotet, völlig neue Wege beschritten werden.

Wir müssen die begangenen Fehler als solche erkennen, anerkennen und bereit sein, darüber hinaus zu wachsen.

Mit der gleichen Intensität wie wir Fehler begangen haben oder noch begehen, sollten wir spätestens von nun an unsere zumindest menschliche Fähigkeit, ausgehend von unserem Verstand, nutzen, daraus Schlüsse zu ziehen, zu lernen und das Fehlverhalten zuerst mental und dann real zu überwinden.

Unser Denken geht unseren Handlungen immer voraus.

Nicht aus den Fehlern zu lernen, aus eigenen wie aus fremden, bedeutet nur, in seiner engmaschigen Wirkungsposition stecken zu bleiben.

Wer vollständig Ursache in seinem Leben sein will, darf weder an alter bis uralter Schuld noch an altem Leid und schon gar nicht an den alten Verlusten hängenbleiben.

Das Beschreiten neuer, ungewohnter Wege führt uns vielleicht in schwierige Situationen, vielleicht auch abermals in die Irre, doch es gilt einfach, auch daraus zu lernen und dennoch voranzukommen.

Wenn wir solche Pfade nicht gehen, verbleiben wir in Stagnation, ohne besseren Zukunftsplänen die Chance zu geben Realität werden zu dürfen.

Deshalb sollten wir alle es angehen Ursachepunkte überlegt und verantwortungsbewusst zu setzen, damit daraus eine wahrhaft humanitäre, menschliche Zukunft entsteht.

**„Alles, was wir tun hat eine Folge.
Aber das Kluge und Rechte
bringt nicht immer etwas Günstiges und das
Verkehrte nicht immer etwas Ungünstiges hervor."**

Johann Wolfgang von Goethe

**„Sogar zufällige Begegnungen
sind das Ergebnis einer Ursache.
Dinge im Leben sind Schicksale
aus unseren früheren Leben.
Es gibt selbst bei den kleinsten Ereignissen
keinen Zufall."**

Haruki Murakami

Karmische Bindekräfte

Ich kann keineswegs zu hundert Prozent, bestenfalls zu einem wesentlich geringeren Prozentsatz mit all den Darstellungen und Überlegungen zum Thema „Karma" übereinstimmen, die auf Planet Erde grassieren.

Die speziell in Indien aufgestellten Dogmen entsprechen überhaupt nicht meinen eigenen Beobachtungen.

Lediglich im chinesischen Taoismus kann ich etliche Ansätze entdecken, die mit meinen Erfahrungen übereinstimmen.

Auch das Gesetz von „Ursache und Wirkung" erfährt vielfach zu starke Festlegungen und wird zudem ganz schlimm verdreht.

So kann ich immerhin teilweise die Ansichten der Christen und der Islamisten verstehen, wenn sie gegen manche Überlegung im Thema „Karma" angehen.

Allerdings finde ich auch deren Argumente manchmal ziemlich haarsträubend. Vor allem, wenn sie im gleichen Atemzug die in Indien verbreitete Vorstellung von Reinkarnation und die ganz einfach erklärbare Reinkarnation sowie die Wiedergeburt in einen Topf werfen und dann kräftig umrühren.

Denn zuerst einmal können karmische Verstrickungen auch im derzeit ablaufenden Leben geklärt werden und sodann beinhalten die unmittelbar weiterführenden Leben keine zwangsläufig negative Karmawirkung. Besonders die vehementen Leugner von Karma sind mir mehr als suspekt. Schließlich erkennen wir im Karma tatsächlich eine nachvollziehbare, ausführende Naturkraft, die eindeutig auf dem Gesetz von Ursache und Wirkung beruht.

Lediglich dessen als unumstößlich und als absolut dargestellte Wirkungsweise finde ich überzogen.

Denn auf das menschliche Konstrukt aus Körper, Verstand und Seelenaspekt bezogen, darf niemals eine dogmatische Anschauung als Maßstab angelegt werden.

Immerhin handelt der Mensch aus seinem freien Willen heraus und kann so, in seiner kreativ schöpferischen Art und Weise, aus jeglichem karmischen System aussteigen, sich gewissermaßen darüber erheben.

Meine Erfahrungen aus vielen Spirituellen Rückführungen lassen mich etliche, teils überaus unterschiedliche Varianten wahrnehmen. Hier öffnet sich abermals die Welt der tausend Möglichkeiten.

So ist es keineswegs erforderlich, dass Menschen in Pflanzen- oder Tierkörpern wiedergeboren werden müssen, obwohl bestimmte karmische Konstellationen dies so vorzugeben scheinen.

Die Übernahme von Tieren ist zwar durchaus möglich, hat aber ziemlich sicher nichts mit einer Karma-Verbindung zu tun. So etwas habe ich unter anderem bei Indianern wahrgenommen, die sich plötzlich in ihrem Totemtier wiederfanden.

Auch muss ein mit voller Absicht ausgeführter Mord an einem Mitmenschen nicht zur eigenen Ermordung führen. Wobei keineswegs ausgeschlossen ist, dass sich bei entsprechender Gelegenheit der Ermordete revanchiert.

Diese Gelegenheit kann sich schon bald oder erst viele, viele Leben später ergeben.

Es muss auch nicht unbedingt wieder ein offensichtliches Tötungsdelikt folgen. Sowohl Frauen, als auch Männer, können ihren über mehrere Leben verbundenen, karmischen Partnern das Leben auch anderweitig zum „Himmel" oder zur „Hölle" machen.

Oft und oft gelingt es den Wesenheiten aber nicht, sich aus einer einmal eingenommenen Opferrolle zu befreien.

Ständig werden sie der Unterdrückung durch andere ausgesetzt. Sie wehren sich einfach nicht, aus welchen vorgeschobenen Gründen auch immer.

Vielfach werden sogar bei vollem Bewusstsein moralisch oder religiös anmutende Betrachtungsweisen geäußert und suggestiv vermittelt, weswegen Leute es zulassen, dass ihnen der Garaus gemacht wird.

Jedenfalls ist eindeutig wahr: Auch diese Art von „sich klein machen" ist etwas, das die Person selbst, ganz ursächlich, genau so gestaltet, indem sie es tut oder zulässt.

Somit ist „Ursache und Wirkung" keineswegs nur ein karmisch vorgegebenes Gesetz, sondern eher das schöpferische Setzen einer Tat oder eben einer Unterlassung, das schließlich eine Wirkung hervorbringt.

Dies gilt allerdings nur, sofern sich das TAO-Wesen und schließlich das Menschwesen bewusst aus dem Wirrwar von Schicksal, Zufall oder Kismet befreien konnte. Ansonsten bleibt er ein Gefangener der Gesetzmäßigkeiten, in die er sich mit seinen Postulaten, über halbe Ewigkeiten hinweg verstrickt hat.

Per Spiritueller Rückführungen sowie auch mit Hilfe von geführter Spiegel-Meditation gelingt es tatsächlich karmisch festgefahrene Situationen zu knacken.

Indem ich den rat- und hilfesuchenden Freund an das Ereignis in der Vergangenheit heranführe, das sich als ursächlich oder ursprünglich zeigt, und wir die Situation darin bereinigen, löst sich eine ganze Kette von karmischen Verknüpfungen automatisch auf.

Das Gesetz, das ein Karma hervorruft, erhält auf diese Art und Weise ganz besondere Auswege, die in keinem irdischen Konzept beschrieben werden oder so vorgesehen sind.

Hier finden wir durch Spirituelle Maßnahmen Zusammenhänge, die sich als praktisch anwendbar herausstellen.

Die Maßnahmen sind gewissermaßen durchsetzt mit Durchführungsverordnungen zu den verschiedenen Gesetzestexten für den kosmischen sowie universalen Spielverlauf.

Eines habe ich im Laufe der Zeit gelernt: Egal welches karmische Konzept wir auch vorfinden, nichts davon sollte als unabänderlich oder als dogmatisch festgeschrieben betrachtet werden!

Selbstverständlich ist es so, dass viele Leute mit jeweils einem speziellen Konzept übereinstimmen.

Für diesen Personenkreis kann ich mir sogar vorstellen, dass sich Teile davon über die Leben hinweg realisieren.

Die Vorstellungskraft von Wesenheiten ist nämlich enorm. Sie kann durchaus Realitäten erschaffen. Dies vor allem, wenn erst einmal auch viele andere Wesenheiten in Übereinstimmung mit einem Konzept gegangen sind.

Diese Folgen von Übereinstimmungen haben uns schon ziemlich lang das Leben schwer gemacht, sehr viel schwerer als es eigentlich sein müsste.

Auch der Himmel und die Hölle, mit dem vorgeschalteten Fegefeuer, sind solche Arten und Weisen von Betrachtungen. Wir können selbstverständlich auch den Hades oder Walhall oder die Ewigen Jagdgründe hier mit einbeziehen.

Wer sich ganz intensiv mit diesen Vorstellungen verbindet, wird sie sicherlich nach seinem Ableben vorfinden.

Ich habe während der spirituellen Maßnahmen wahrhaftig Leute durch das Himmelstor in eine andere Welt begleitet, damit diese sich in aller Ruhe auf ihre Reinkarnation einschwingen konnten.

Jedoch haben sich, nach etlichen Spirituellen Rückführungen, die Anschauungen relativiert.

Die Vorstellung einer lieblichen Himmelswelt wurde dann, als ein phantastischer Wunsch erkannt.

Das soll nun aber nicht heißen, dass ihre Wirklichkeit von ihnen nur ausgedacht oder ersponnen wurde.

Nein, nein! Im individuellen Kosmos der Person hat eine derartige Wirklichkeit dennoch ihren festen Platz. Sie wird ihn so lange behalten, bis der Mensch sich bewusst davon trennt.

Der Begriff Phantasie darf auch in diesem Zusammenhang unter keinen Umständen abgewertet werden. Hiermit bezeichnen wir eine bestimmte Form des kreativen Denkens. Diese Denkmuster sind im Prozess des Erschaffens enorm wichtig.

Ohne die Phantasie gäbe es keinen noch so kleinen Teil des so genannten realen Universum.

Sie ist gewissermaßen das Bindemittel, von jeglicher physikalischer Realität zur geistigen Wirklichkeit bei den Denkvorgängen.

Übrigens stehen Karma und Wiedergeburt, aus meiner spirituell geprägten Sichtweise, keineswegs in so engem Verhältnis zueinander, wie es in den vorgenannten Konzepten der Religionen immer wieder hervorgehoben oder von anderen verneint wird.

Außerdem sind Reinkarnation und Wiedergeburt nicht einmal in allen Varianten identisch.

Die Wiedergeburt kann in jedem Lebensablauf oft und oft vollzogen werden, bewusst oder nicht bewusst.

Sich geradezu, als neuer Mensch fühlen zu können, wenn man sich verliebt oder wenn man den Beruf wechselt oder …, ist in jedem Fall eine Form der Wiedergeburt. Der energetische Gehalt in der DNA ist ein völlig neuer, wie man neuerdings messen konnte.

Genauso ändert sich im Laufe von Spirituellen Rückführungen ebenso wie bei der Spiegel-Meditation der energetische Informationsgehalt im Körpersystem.

Auch hiernach fühlt ihr euch, liebe Freunde und Freundinnen wie neu geboren.

Die Wiedergeburt oder Reinkarnation in neue Körper, mit der immer wieder sich verbindenden Seele als leitender „Beifahrer", ist nichts anderes als das. Dabei durfte ich erfahren, dass eine Reinkarnation von Menschwesen zu Menschwesen zwar die Regel ist, doch gibt es keine Regel ohne Ausnahme.

Zuerst einmal ist ein solches Menschwesen keineswegs immer ein irdisch menschlicher Körper und dann hatte ich es mit Seelenaspekten zu tun, die, wie bereits erwähnt, in die Totemtiere ihres indianischen Stammes inkarniert sind. Auch Katzen oder Hunde wurden zeitweilig ihr Wirt.

Bei den Theorien zur Reinkarnation, entsprechend indischer Betrachtungsweisen, sind zwangsläufige Stufen eingebaut. Je nach der karmischen Schwere der Schuld, soll die Seele sich über Pflanzen und über Tiere wieder zum Menschen hochdienen.

Dies ist purer Unsinn – außer man stimmt dennoch damit überein und bindet sich so selbst in dieses System!

Aus solchen Herabwürdigungen von wirklichen Seelenaspekten entstand das indische Kastenwesen.

Seine Daseinsberechtigung entbehrt, nach meinem Dafürhalten, jeglicher Grundlage.

Die Reinkarnation ist an keinerlei Systematik gebunden, wenn oder sobald wir unsere ureigene Fähigkeit zur Selbstbestimmung anwenden können.

Es gibt keine festen Regeln, weder im Umgang mit der Zeit noch abhängig vom Ort. Wenn wir dennoch gewissen Vorgaben folgen, liegt es an unserer eigenen Folgsamkeit oder Duldsamkeit gegenüber so genannten Obrigkeiten oder dergleichen.

Je weniger jemand von den angeblich wichtigen „Notwendigkeiten" weiß, umso freier kann er sich im „Leerraum" zwischen den Leben bewegen.

Mir wurde im Laufe meiner Tätigkeit als Spiritueller Helfer mehr und mehr klar, dass die Karma-Konzepte niemals so funktionieren wie sie propagiert werden.

Die wirklich entscheidenden Bindekräfte im Geistigen sind Liebe und Hass in all ihren Abstufungen und Ausprägungen.

LIEBE und HASS sind die zwei Seiten einer Medaille, die mir begegnet sind, wenn sich Wesenheiten über die Zeiten verstricken.

Kein noch so ausgeklügeltes Punktesystem oder jene mathematischen Strukturen indischer Karmaregeln, haben die gleiche Wirkkraft wie eben Liebe und / oder Hass.

Den emotionalen Kräften darf, auch bei anderen Sichtweisen, eine weitaus stärkere Schaffenskraft zugerechnet werden, als dem analytischen Denkvermögen eines Verstandes.

Erst indem wir, TAO, uns über die Emotionen erheben können, gelangen wir zur Transzendenz im Göttlichen TAO. Alle Lebewesen, Mensch oder nicht Mensch, sind vorwiegend emotionsgesteuert.

Vor allem die Liebe können wir Menschen tatsächlich nutzen, um dem karmischen Netzwerk ein Schnippchen zu schlagen.

In Liebe erheben wir uns sogar zum Göttlichen hin, weit über den sexuellen Liebesakt hinaus.

In der höchsten Form von Liebe, unabdingbar, ohne jegliche Art und Weise einer Bedingung, befinden sich Wesen im karmischen Leerraum.

Möglicherweise haben sich Jesus und Buddha entsprechend von ihrem Karma befreit. Bei Freund Mohammed bin ich mir da keineswegs sicher.

Man kann aber sagen was man will, ich habe mittlerweile keinerlei Zweifel daran, dass wir uns selbst, alleine oder gegenseitig, aus jeglichen Karma-Konzepten erlösen können.

Wir sind nämlich die Götter oder waren es zumindest, die im geistigen Kosmos sowie im physikalischen Universum aktiv sind und hier noch immer gestalten.

Jedenfalls sind wir keineswegs nur dieses eine menschliche Lebewesen, das wir hier meinen zu sein.

Wir, die TAO-Seele, steuern sogar ungezählte Körper. Sowohl auf Planet Erde als auch darüber hinaus, in den Weiten des Universum.

Wir leben das große Miteinander, bewusst sowie nicht bewusst. Wir sind dauerhaft verbunden, mit all den anderen Wesenheiten und mit unserem Göttlichen Ursprung.

Ich kenne dieses Dasein speziell aus Spirituellen Rückführungen, mit vielen seiner Facetten, vom Ursprung her als:

TAO das Geistige, unmittelbar verbunden mit dem TAO des lebendigen Universum und darüber hinaus mit dem Göttlichen TAO.

Wir machen Zukunft

Der Traum von Zukunft
wird erst Wirklichkeit und dann Realität.

Gegenwart ist das Hier und Jetzt, die Zeiteinheit in der wir gerade leben. Von Gegenwart zu Gegenwart hangeln wir uns wie auf einer Art fiktivem Zeitstrahl entlang, hinein in die Zukunft.

Zumindest gaukelt uns unser Verstand diese linearen Abläufe so vor. Halten wir uns vorläufig einfach einmal daran.

Mittlerweile wissen wir es besser. Wir brauchen nur dem Geistigen TAO auf dem Erkenntnisweg folgen und uns selbst die Tore zum Wissen öffnen.

In dem Folgenden stimme ich wieder überein: Die Zukunft ist die Zeit die wir uns machen, ständig neu erschaffen, damit mögliche weitere Zeiteinheiten kommen werden.

Wir gehen immer, entweder horizontal oder kugelförmig, in die Richtung dessen, was unserer Meinung nach die Zukunft sein wird.

Wie mag unsere Zukunft dann wohl sein? So wie wir sie uns vorstellen und wünschen oder so wie unser Nachbar sie sich wünscht?

Sowohl andere als auch wir selbst haben offenbar eine bestimmte Vorstellung davon was sein sollte oder was sein wird.

Je mehr von uns in dieselbe Richtung gehen, umso wahrscheinlicher wird diese gemeinsam erdachte Zukunftsvision auch von der gedanklichen Wirklichkeit zur physikalischen Realität werden.

Die jetzige Gegenwart
wird dann die Vergangenheit dieser Zukunft sein.

Ein geradezu unendlich großen Bündel verschiedenartig möglicher Zukunft liegt vor uns.

Welche der letztlich ausgewählten, physischen Realitäten wird die Zukunft werden?

Es sind jene, über die, aufgrund der erdachten Wirklichkeiten, die allergrößten Übereinstimmungen der Vielen herrschen.

In gewissen Grenzen ist es uns, den anscheinend vereinzelten TAO-Seelen, tatsächlich möglich, unsere Zukunft selbst zu bestimmen. Wie könnte so etwas aussehen?

Wir entwickeln im Geiste eine Idee für das Leben. Wir verfolgen sodann gezielt und mit viel Ausdauer diese Vorstellung. Irgendwann, irgendwie erreichen wir den Punkt, an dem wir die Idee verwirklichen können.

Sodann verwirklichen wir sie und schaffen auf diese Art und Weise neue Realitäten im Universum.

Uns wird dabei vielleicht sogar klar, dass wir, jeder mit jedem, in ständiger Verbindung zueinander stehen. Im Geistigen gibt es weder Raum noch Zeit, nur Gemeinsamkeit. Dies obwohl wir uns im vorgeblichen Zeitablauf immer mehr individualisiert haben.

So gaukelt uns unser Verstand das Ego vor, dem wir angeblich felsenfest angehören.

Deshalb stoßen wir leider dabei immer wieder an Grenzen unserer Möglichkeiten, an Grenzen die nur in unserem Verstand vorherrschen. Wir lernen etliche Barrieren, Schranken und Gegenabsichten kennen, eigene und die von anderen.

Entweder wir akzeptieren diese oder wir überwinden sie und betreten schließlich Neuland, für eine weitere, mögliche Zukunft.

Die genannten Schwierigkeiten bei der Realisierung von Ideen sind uns selbstverständlich bekannt.

Sie können zusammenhängen mit all den geistig geprägten Vorstellungen von Wirklichkeiten anderer, bis zu deren Realisierung im Universum durch diese.

Die Zukunftsprojektionen vieler anderer sowie bis jetzt noch gar nicht entwickelte Materialien oder Techniken oder vielerlei möglichen Barrieren lassen Visionen platzen.

Wenn wir das trotzdem alles überwunden haben, unser Traum von Wirklichkeit nun Realität wurde, was ist dann?

Wir haben tatsächlich etwas Neues geschaffen, ein Stück Zukunft kreiert.

Und wir stellen plötzlich fest: Nur so sind wir die Gewinner im „Großen Spiel" und im „Spiel des Lebens", ganz egal ob alle anderen Mitwesen mit unserer Kreation zu Hundert Prozent einverstanden sind. Unsere Idee dringt dennoch in das geistige Feld all der anderen ein.

Aus dieser Erkenntnis heraus fühlen wir uns dann irgendwie erfolgreicher und glücklicher.

Hierzu nun die folgenden, klugen Worte, mit denen wir uns einen brauchbaren Wegweiser hin zum GlücklichSein errichten können:

"Glück ist die Überwindung
nicht ganz unbekannter Hindernisse,
in Richtung auf ein bekanntes Ziel."

Eines ist gewiss: Zukunft können wir nur dann in unserem Sinne machen, wenn wir in der Lage sind auch die Gegenwart zu leben, sie zu erleben und steuern zu können.

Ausschließlich die Fähigkeit zur unbeschwerten, leichtgängigen Kontrolle über das HIER und JETZT lässt uns die machtvollen Wesen sein, die das Leben meistern.

Wir allein sind die Schöpfer. Wie sind die Erschaffer unseres Lebens, aus der bereits gelebten Vergangenheit heraus, in dem unmittelbaren HIER und JETZT der Gegenwart und zur möglichen Zukunft hin.

Selbst, wenn wir uns bereit erklären das Leben oder Teilbereiche davon an ein irgendwie geartetes höheres Wesen abzugeben, ist auch dies dennoch unsere ureigene Entscheidung.

Wir können nämlich davon ausgehen, dass eben dieses höhere Wesen lediglich ein Aspekt unseres höheren Selbst ist.

126

Gegenwart und Zukunft sind zusammen mit der zurückliegenden Vergangenheit verschiedene Ausprägungen von Zeit.

Dieses Thema „Zeit" ist eines unserer liebsten Rätsel, bei dem sich schon viele Menschen den Kopf zerbrochen oder die Zähne ausgebissen haben. Was also ist nun Zeit?

Die korrekte Anschauung für die Zeit ist: **Bewegung im Raum!**
Sie ist nicht irgendeine x-te Dimension, sondern einfach nur: **Die in ihrem Ablauf messbare Bewegung von Energie und/ oder Materie im Raum.**

Unabhängig vom geistigen Dasein in der fiktiven Zeit, gibt es einen objektiv messbaren sowie einen subjektiv spürbaren Ablauf der Zeit. Mit unserem zunehmenden Alter verläuft die Zeit angeblich, ganz persönlich betrachtet, irgendwie schneller.
In jedem Falle sind alleine wir es, als die ursprünglich Beteiligten an der Schöpfung für ihre Wirkungsweise, die es schaffen sollten, zumindest den Verlauf der eigenen Zeit zu kontrollieren.

Allerdings haben wir auch dafür niemals Zeit. Denn wir sind wie selbstverständlich angepasst, an den ach so modernen Zeitgeist.
Denn, mit "keine Zeit haben" drücken wir doch anderen gegenüber aus, wie wichtig wir sind: Haben wir keine Zeit dann, so sollen jene schließen, sind wir so enorm gefragt, dass wir total überbeschäftigt sind.

Hinreichend "Zeit zu haben" scheint den gegenteiligen Eindruck zu erwecken; so als ob wir nichts mehr wert seien. Deshalb fühlen sich Rentner viel zu oft total nutzlos, weil sie nämlich nach ihrem Arbeitsleben plötzlich über mehr Zeit verfügen können.
Fast sieht es so aus: Wir können es uns heutzutage gar nicht leisten, Zeit zu haben! Viele Menschen glauben genau das. Es ist offenbar heutzutage "In".
Wie arm sind wir dran! "Keine Zeit haben können" bedeutet nämlich auch: Kein JETZT haben können. Das heißt weiterhin: Kein Leben haben können.

Ich selbst arbeite intensiv an einer Gegenwart, in der es zur Mode geworden sein wird "Zeit zu haben".

Mit Tai Chi, Yoga oder Qigong sind wir bereits auf dem richtigen Pfad. Auf dem Wege zur Entschleunigung, zur Bewusstwerdung in der Ruhe, zum HIER und JETZT.

Denn erst, wenn wir der Hektik die Stirn bieten, können wir in aller Ruhe, aus der Gegenwart heraus, Zukunft gestalten, Dinge erschaffen und: Glücklich sein!

Mein Leitspruch lautet dabei:

„Ich gehe nicht nur wohin der vorgezeichnete Weg führen mag,
sondern auch dorthin wo kein Weg ist
und ich hinterlasse dabei eine Spur."

Dies finde ich erstrebenswert, um weiterhin ein dynamisches, gutes Leben, mit Wohlstand sowie Zufriedenheit und Freude beim Erleben haben zu können.

Besonders wichtig erscheint mir hierbei auch, dass wir uns dem Zwang zum Überleben entziehen.

Denn beim erzwungenen Überleben begegnen wir dem „fressen oder gefressen werden", einem hierarchisch strukturierten, unterdrückerischen Machtanspruch einiger weniger.

Es ist geradezu unser aller Pflicht, ein starkes Miteinander in Gemeinschaften zu schaffen.

Diese müssen wir dann erhalten und fördern. Mit anderen Organisationen sind sie zu vernetzen, die sich ebenfalls dem Leitspruch anschließen können.

Ich stelle mir seit langem die Frage: Wie können wir gemeinschaftlich hier, zu dieser Zeit sowie im Laufe der Zeiten, mit genialen Ideen übereinstimmen, die sowohl die persönliche als auch die wirtschaftliche Selbstbestimmung fördern?

Mir ist nun klar geworden: Ausschließlich aus solchen Ideen heraus werden wir zu selbstbestimmten, selbstständig tätigen, von aktivem unternehmerischem Wirken bewegten Zugpferden.

Als die stärkenden Stützen, einer Gesellschaft der neuen Zeit, braucht es Menschen mit Visionen.

Erst bei der Entwicklung der von Menschen entfachten, hilfreichen Maßnahmen, zur Unterstützung von weiteren aktiven Menschen, wiederum als sich selbst bewusste Unternehmer, werden wir zu echten, wertvollen Mitmenschen.

Aus der Übereinstimmung mit etwas vollkommen Neuem, das von persönlicher Eigeninitiative geprägt ist, geht dabei dann hervor, dass auch jeder Einzelne den gemeinsamen und dennoch selbstbestimmten Traum verwirklichen kann.

So löst er sich aus den Fängen fremdbestimmter, staatlich sanktionierter Pseudohilfe, die nur vom Mammon bestimmt wird.

Wie eine Art Virus wird diese Denkweise in die Köpfe der Bevölkerung und besonders der Abhängigen übertragen.

Auch Einzelpersonen können, im großen Rahmen von wohlwollenden Gemeinschaften, ein Stück Zukunft real werden lassen.

Gemeinsame Ideen verdichten sich. Sie wachsen zur Bildung von Gruppierungen in verschiedenen, dynamisch agierenden Verbänden heran. Sie sollten möglichst in leicht überschaubaren Einheiten organisiert sein.

Daran beteiligte Menschen können sich dann wiederum leichter gegenseitig unterstützen.

Diese Menschen nehmen dabei, im wahrsten Sinne des Wortes, ihre Zeit und damit ihr Leben in eigene Hände.

Erfreulicherweise sind die Initiatoren entsprechender Aktivitäten manchmal stur und durchsetzungsfähig genug, um ihre Zeit erfolgreich für die im Miteinander wachsenden Aktivitäten zu nutzen.

Viele Menschen können dadurch, ihrem Beispiel folgend, Eigeninitiativen entwickeln, um selbstbestimmt leben zu können.

Auch mir machen solche Beispiele mehr Mut, dem einmal entwickelten, jetzt zu eigen gemachten Pfad zu folgen.

Die von hoher Ethik getragenen und daher weitgehend unantastbaren Systeme läuten den Beginn einer neuen Ära ein.

Mit der Mithilfe beherzter Mitmenschen trägt sich die Idee der gegenseitigen Unterstützung rasch voran, von Mensch zu Mensch zu Mensch. Schaut euch um!

Die Ergebnisse solcher Aktionen sind erkennbar und wahrhaft überwältigend.

Wer nicht wenigstens einmal erlebt hat, wie sich die Menschen voller Vertrauen, zwar nicht ganz uneigennützig aber mit offen gezeigter Freude und dadurch mit Schaffenskraft, gegenseitig helfen können, kann es kaum glauben.

Erst das fantastische Erlebnis in einer Gruppe Gleichgesinnter dabei zu sein, gibt genügend Realität für die Nachahmung.

Lasst euch daher zum Miteinander einladen, von irgend jemandem, der auch euch ehrlich unterstützt und euch den Wohlstand gönnt. Denn nichts ist überzeugender als die offensichtliche, wirklich handfeste und deutlich sichtbar sowie spürbar nachvollziehbare Realität, geboren aus einer im Geistigen ausgedachten Wirklichkeit.

Das hochwertige Produkt der Maßnahmen zur Unterstützung sind: Menschen die nach Zeiten schlimmer Entbehrungen wieder einmal erleben dürfen was Glück bedeuten kann.

Ich meine: Wir müssen angebotene Chancen dringend nutzen. Wir müssen mit dem uns eigenen, starken Sinn für Gemeinschaft übereinzustimmen, um kreativ an der Veränderung von im Geistigen entstehenden Wirklichkeiten mitarbeiten zu wollen, damit diese zu neuen Realitäten im Universum werden.

Die neue Gegenwart, das neue HIER und JETZT, erfordert nicht nur eine Vielzahl von Menschen, sondern vor allem starke Geister, die sich voller Enthusiasmus der Zukunft zuwenden.

Ein wahres Wort besagt hierzu:

"Der Geist ist der Boss."

Unser, in der Vielzahl einer Gemeinschaft, gestärkter Geist des Helfenwollens, muss durch tätiges Miteinander wieder rehabilitiert werden.

Das hochwertige Ziel von allen Menschen guten Willens sowie von deren guten Geistern heißt:

Selbsterkenntnis und Selbstbestimmung
hin zu
Selbstständigkeit und Selbstermächtigung

Diese Denkweise allein führt uns selbst zu mehr ganz persönlicher Selbstständigkeit, dem ständigen Selbst.
Denn je mehr wir von der Fremdbestimmung abhängig gemacht werden, umso weniger werden wir über unsere Lebendigkeit selbst entscheiden dürfen.

Dies geschieht zum Beispiel dann, wenn wir unsere Stimmen bei irgendwelchen Wahlen abgeben, um sie dann tatsächlich für allzulange Zeit quasi verloren geben zu müssen.
Die demokratischere Lösung wäre eine fortlaufende Mitwirkung über so genannte Volksabstimmungen.

Vermehrte, sich bürokratisch oder diktokratisch selbst vermehrende, von bösartig unterdrückenden Schwindlern oder Betrügern aufgezwungene Fremdbestimmung, ist das erklärte Gegenstück zur Selbstbestimmung.
Die aufgezwungene Fremdbestimmung ist das Mittel zur Verbreitung von Neid, Eifersucht und Missgunst.
Dies ist der Kontrollmechanismus der Leute, die uns mit ihrer, aus der Fremde bestimmenden, konzentrierten und zentralisierten Einflussnahme klein machen und dann klein halten wollen.

Durch eine gezielte Spaltung, durch Vereinzelung und durch die Polarisierung der Menschen untereinander wird Macht ausgeübt.

Deren erklärte Losung heißt: **„Teile und herrsche!"**, im Sinne von: **„Zerteile und beherrsche!"**.

So wurde in unserer Vergangenheit, der nicht allzu fernen Vergangenheit, daran gearbeitet, wirklich mit Absicht entsprechender darauf eingewirkt, dass Familien in ihren Grundfesten erschüttert wurden. Die Familienclans, wie sie noch vor dem letzten Weltkrieg stark sein konnten, wurden aufgespalten.
Individualismus war nun angesagt. Den modernen Singles bereitete man, wer auch immer „man" war und ist, ein völlig neues Lebensgefühl, weit abseits ihrer Familien.

Nur, wenn wir, jeder von uns, ganz persönlich Verantwortung auf uns nehmen und selbstbestimmt füreinander eintreten, brauchen wir immer weniger staatlichen Einfluss.
Dazu ist es sinnvoll und überaus wichtig eine eher unorganisierte Bewegung mit eigendynamischem, ethisch sehr hochwertigem Charakter zu bilden. Deren Ideale sind weitaus stärker, als jede aus der Fremde steuernde Organisation.

Lediglich kleinere, in der regionalen Nähe, weitgehend selbstbestimmt geführte Gemeinschaften, können mit gelebter Leichtigkeit etwas bewirken und im hohen Sinne der übergeordneten Menschenrechte tätig sein.

Deshalb: Schließt euch vertrauensvoll zusammen! Bildet kleine, geradezu als privat anzusehende Einheiten.
Helft euch im Miteinander gegenseitig, beim gemeinschaftlichen Leben, ebenso wie beim individuellen Überleben. Werdet zum Vorbild für weitere Zellen, mit hoher Moral und Ethik.

Nicht umsonst heißt es:

"Zuviel Staat macht unfrei, krank und arm!"

Daher brauchen wir eine neu zu gestaltende Zeiteinheit, eine Zukunft mit total veränderten Realitäten, in der die persönliche Selbstständigkeit besonders hoch im Kurs stehen darf.

In trauter Einigkeit übernimmt dann ein jeder mit Freuden die Verantwortung für jedermann. Entscheidend dabei ist, dass auch jeder allen anderen den Wohlstand gönnt.

Deshalb ein wichtiges Wort zum Thema Geld:

Das Geld darf niemals der alles bestimmenden Faktor im Leben bleiben. Es soll einfach nur nützlich sein, ohne im Vordergrund stehen zu müssen.

Geld ist nichts anderes als eine andere Art von Energie. So wie Energie nur dann Wirkung zeigt, wenn sie in Bewegung gesetzt ist, so muss auch Geld ständig fließen.
Alle Maßnahmen, um Geld einzusperren oder abzusaugen, es dem Leben spendenden, dynamischen Wirtschaften zu entziehen (wie zum Beispiel durch überhöht irre Steuern, übermäßiges Ansparen oder durch Überversicherung, waghalsige Spekulationen, ...) und damit gezielt für einen Mangel zu sorgen, vermehren die Armut der Menschen.

Geld hat allein dazu zu dienen, die Arbeit, Güter und Dienstleistungen, im angemessenen Ausgleich zu bezahlen.
Das Geld wurde pervertiert, sowohl in der Vergangenheit als auch in der Gegenwart, indem gewisse Leute: Mit Geld wiederum Geld machen.
In der menschlich, freundschaftlich gestalteten Zukunft muss dem Geld wieder der ursprüngliche, ehedem sinnvolle Nutzen zugewiesen werden, einfach als: Ersatzweises Tauschmittel.

Gegenseitige Hilfe hat nur am Rande mit Geld zu tun!

Aber: Wer seinen Mitmenschen entsprechend hilft, darf selbstverständlich auch selbst Hilfe erwarten.

Allerdings können wir uns nur dann gegenseitig effektiv helfen, wenn wir uns untereinander auch kennen und verstehen.

Denn Freunde helfen sich immer leichter als Fremde!

Das ist der einigende Gedanke der bereits bestehenden, vielfältigten Einheiten, in denen man sich wirklich gegenseitig kennt und sich in die Augen schauend Vertrauen aufbaut.

Das Vertrauen, das sich die beteiligten Menschen dabei schenken, ist das Schmiermittel, um die Dynamik der freundschaftlichen Hilfsbereitschaft voranzubringen.
Miteinander in Kommunikation zu kommen und auch zu bleiben löst eine Vielzahl von Problemen.

Wenn wir uns in diesem Geiste zusammentun, in dem Wissen und der Erkenntnis worum es dabei wirklich gehen kann, dann wird auch mein Traum von Zukunft zur Wirklichkeit.

**„Die Zukunft hat viele Namen:
Für Schwache ist sie das Unerreichbare,
für die Furchtsamen das Unbekannte,
für die Mutigen die Chance."**

Victor Hugo

**„Die Zukunft soll man nicht voraussehen wollen,
sondern möglich machen."**

Antoine de Saint-Exupery

**„Mehr als die Vergangenheit interessiert mich
die Zukunft, denn in ihr gedenke ich zu leben."**

Albert Einstein

134

Über den Autor: **Günter Karl Skwara**, *19.07.1952

Die spirituelle Ader offenbarte sich ihm bereits im Verlaufe seiner pupertären Entwicklung. Doch bis zur endgültigen Entfaltung waren noch einige schwerwiegende Schritte erforderlich. Er ging durch einschneidend tiefe Täler und musste erhebliche Entbehrungen hinnehmen.

Sein beruflicher Weg führte zuerst über das industrielle Handwerk eines Werkzeugmachers. Nach dem sozialpädagogischen Fachabitur wollte ihn die Bundeswehr vereinnahmen. Doch er vergab sein soziales Engagement an die Bundesanstalt für Arbeit. 1975 wagte er den riskanten Absprung aus dem sicheren Beamtenverhältnis und gründete einen Verlag für sein regionales Magazin. Aus diesem Wagnis wurde eine furchtbare Pleite. Er verlor seine Familie, sein Vermögen und sogar sich selbst.

Doch wie bei Phönix aus der Asche gelang der Aufschwung. Ihm wurde von einer Gemeinschaft spirituell denkender und handelnder Menschen hilfreiche Unterstützung zuteil. Bald eröffnete sich ihm seine eigentliche, menschenfreundlich spirituell geprägte Lebensaufgabe.

Mit Hilfe von Spirituellen Rückführungen stand sie ihm deutlich vor Augen. Nun konnte er an frühere Lebenszyklen anknüpfen. Vor allem sein Dasein als Druidorix der Druiden des TAO hatte es ihm angetan.

Die enormen Wissensbestandteile verarbeitete er in seinen Werken, entsprungen aus der liebenswert harmonischen Lebensweise der Gemeinschaft der Atalanter, deren Lebensphilosophie, sowie den tiefgründigen Erkenntnissen jener Zeiten.

Besonders ab seinem Aufenthalt in Frankreich (1991 bis 1992) eignete er sich zusätzlich phänomenales spirituelles Wissen, Fähigkeiten und Fertigkeiten an. Frühere Leben, eigene und die seiner Mitmenschen, wurden zu seiner ureigenen Wirklichkeit. Von seinen französischen Freund*innen wurde er Heiler von Morhange genannt. Er war dort anerkannter "Meister des Wandels" (master of change).

Seine Absicht besteht seitdem darin, Menschwesen aus dramatisch verfestigten Problemstellungen herauszuhelfen (physischer, psychischer sowie sozialer Art). Als guter Zuhörer entlastet er die schwierigen Situationen seiner rat- und hilfesuchenden Freund*innen. Vor allem im Rahmen Spiritueller Rückführungen bringen eben diese Freund*innen ihre Lebensumstände selbstverantwortlich in Ordnung. Mit leichter Hand führt er diese zu eigenständig und eigenermächtigt gefundenen Lösungswegen.

**Er ist Begleiter auf dem Pfad
zu Wohlbefinden, Zufriedenheit und GlücklichSein.**

Günter Skwara

Spiritueller Rückführer

**Begleiter von Meditation
zur Kontemplation**

**Berater für Mentale
Kommunikation**

Magie der Selbstheilung

Trauer bewältigen / Trost finden / Angstfreiheit erfahren
Kontrollzwang auflösen / Energiemangel beheben
Blockaden knacken / Dogmen und Glaubenssätze entmachten Selbster-
mächtigung realisieren / Selbstheilungskräfte aktivieren
BewusstSein stärken / Wissen erweitern

> Spirituelle Rückführungen > Finden von Ursachen, Aufarbeiten und Bereinigen, Rehabilitation und Mobilisierung von Kreativität, bewusstes (Los)Lösen von belastenden karmischen Verstrickungen. Der Pfad zur Heiligung ist eine Transformation vom Menschsein zu TAO.

> Mentale Kommunikation > Die Magie effektiver, mentaler Kommunikation ist der Königsweg, zur Lösung aller, von Menschen inszenierter, Probleme. Das Magische Quadrat für Verstehen dient als Leitsymbol.

> Ganzheitlicher Energiefeldausgleich > Aus dem Gleichgewicht geratene Lebensenergie wird stabilisiert und harmonisiert. Dies führt zu Ausgeglichenheit, Stabilität und Balance im Dasein.

> Spiegel-Meditation > Erschließt euch den Weg zu Selbsterkenntnis, Selbstständigkeit, Selbstermächtigung. Rehabilitiert alte Fähigkeiten!

Kontakt zum Start ins Abenteuer:

rueckfuehrer@googlemail.com

rueckfuehrer.de oder **studio-chi.de**